Ben David & Christo

Unfassbar entspannt

Wie du Stress für dich nutzt und gelassen lebst

Alle externen Links und QR-Codes wurden bis zum Zeitpunkt der Drucklegung dieses Buches geprüft. Etwaige spätere Änderungen kann der Verlag nicht beeinflussen. Deshalb ist die Haftung des Verlags ausgeschlossen.

Bibliografische Informationen der Deutschen Nationalbibliothek

Die Deutsche Nationalbibliothek verzeichnet diese Publikation in der Deutschen Nationalbibliografie; detaillierte bibliografische Daten sind im Internet über http://dnb.de abrufbar.

ISBN 978-3-98640-005-7

Text: Ben David & Christo | https://www.die-unfassbaren.de/
        Mona Schnell, Hamburg | https://monaschnell.de/
Lektorat: Jana Assauer, Kürten | https://bildungsbotschaft.de/
Cover, Satz und Layout: Marion Lehmann, Hamburg | http://www.frau-lehmann.net/
Druck: bookpress.eu, Polen

Autorenfoto: Mirko Stoedter

https://montagshappen-verlag.de, https://montagshappen.de
https://www.facebook.com/montagshappen/
https://www.linkedin.com/company/montagshappen
https://instagram.com/montagshappen/

INHALT

VORWORT

VORWORT – ODER EIN MAGIER UND EIN HYPNOTISEUR ERKLÄREN DIE WELT

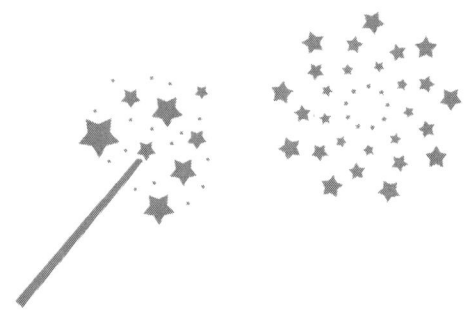

Wie toll, dass du vorbeischaust und dieses Buch gekauft hast. Damit bist du bereits den ersten Schritt in ein Leben ohne Stress gegangen. Irgendwo muss man ja anfangen. Jetzt solltest du das Buch aber auch noch lesen, um wirklich was gegen dein Stresslevel zu unternehmen. Um das, was drinsteht – und zwar wie du zukünftig deinen Stress in den Griff kriegst, darum haben wir uns gekümmert. Wir, das sind „Die Unfassbaren", der Magier Ben David und der Showhypnotiseur Christo. Let's go!

Jetzt fragst du dich vielleicht: »Moment mal, warum können mir ausgerechnet ein Zauberer, der einen Löffel in seinem Mund in eine Gabel verwandelt, und ein Typ, der andere Leute mit seiner Stimme dazu bringt, sich ungeplant schlafen zu legen, dabei helfen?« Das ist eine berechtigte Frage – aber eine, auf die wir vorbereitet waren. Deshalb haben wir gleich mehrere Antworten für dich am Start:

1. Wir sorgen beide in unseren »Fachbereichen« dafür, anderen Menschen ihren Stress zu nehmen. Manchmal reichen dafür schon zwei Stunden, die sie an unserer Show teilnehmen, um aus dem anstrengenden Alltag zu entfliehen, Sorgen und Nöte beiseiteschieben und sich richtig gut zu amüsieren.

2. Wir sind qualifiziert: Christo ist NLP-Practitioner, systemischer Coach und ausgebildeter Hypnotiseur, nicht nur für die Bühne, sondern auch für klinische Hypnose. Sein Schwerpunkt liegt unter anderem im Bereich Stressreduktion. Ben David ist neben seiner Tätigkeit als Magier auch als Keynote-Speaker im Bereich Motivation unterwegs und beschäftigt sich viel mit Persönlichkeitsentwicklung. Hinzu kommt, dass Hypnose eine anerkannte Wissenschaft ist, um Stress abzubauen. Und Magie basiert hauptsächlich darauf, den Fokus der Zuschauer zu lenken. Das funktioniert über Energie. Und Stress ist ja nun mal fehlgeleitete Energie, die wir gegen uns selbst einsetzen.

3. Wir bringen einen reichen Erfahrungsschatz in Sachen Stress mit. Bereits der Anfang der »Die Unfassbaren«-Geschichte war untrennbar mit Stress verbunden. Aber darauf gehen wir im nächsten Kapitel etwas genauer ein. Du kannst dir sicher denken, auch ohne die Story zu kennen, dass ein Leben auf Tour nicht immer ganz stressfrei abläuft. Wir hätten gerne Sex und Drugs und Rock'n Roll, als Bühnenkünstler steht uns das im Grunde per Job-Beschreibung zu. Aber wir warten noch heute, nach über sieben gemeinsamen Jahren, auf kreischende Groupies und den Drogen-Dealer auf der Schnellwahltaste, wie Nickelback das in ihrem Hit »Rockstar« so schön beschreiben. Ein Hotelzimmer haben wir auch noch nie so richtig zerstört – und

das hat sogar die Kelly-Family geschafft. Wir sind halt »nur« Fachidioten und liefern on top ein bisschen Comedy ab.

Aber wir haben es inzwischen geschafft, unser Stresslevel auf Tour so gering wie möglich zu halten. Zum Beispiel liegen unsere Hotelzimmer in der Regel auf unterschiedlichen Fluren. Kein Witz, das steht sogar in unseren Verträgen, die wir mit Veranstaltern schließen. Die Hintergründe dafür erzählen wir dir in einem späteren Kapitel. Wir wollen ja nicht alles schon im Vorwort ausplaudern. Ein bisschen Spannung braucht es schon, damit du weiterliest. Das ist klar.

Fakt ist: Wir mögen uns trotzdem sehr, die Zusammenarbeit klappt perfekt. Sonst würde es mit uns auf der Bühne nicht so gut laufen. Und ein wichtiger Faktor bei der Stressvermeidung ist manchmal eben etwas Ruhe und Abgeschiedenheit. Wie viel du brauchst, zeigt dir im Normalfall dein Körper – besonders dann, wenn du nicht genug davon hast. Wir nutzen unsere selbst gewählte Abgeschiedenheit zum Beispiel dafür, kreativ zu werden und so tolle Sachen zu machen, wie dieses Buch zu schreiben.

Dieses Projekt stand schon lange auf unserer Bucketlist. Endlich konnten wir dieses Vorhaben in die Tat umsetzen. Auch das war manchmal ganz schön stressig. Sich zu motivieren, ist nicht immer leicht. Das brauchen wir dir aber sicher nicht zu erzählen. Du kennst das doch sicher auch.

Im Endeffekt haben wir es aber geschafft und den Lesestoff für dich fertiggemacht. Wir liefern dir in diesem Werk jede Menge interessanter Fakten, zahlreiche Geschichten und geben dir Tipps, die du in Stressmomenten selbst ausprobieren kannst. Sie funktionieren. Wir haben sie getestet und für gut befunden.

Viel Spaß beim Lesen und Üben und dabei, deinen Stress hinter dir lassen!

Ben David & *Christo*

TEIL EINS

»DAS STRESST MICH«

1. Die Magie von Stress – alles eine Frage der Perspektive

Albert Einstein soll einmal gesagt haben: »Der Hauptgrund von Stress ist der tägliche Kontakt mit Idioten«. Ein Satz, den mit Sicherheit viele von uns sofort unterschreiben würden. Beschreibt er doch so anschaulich das, was wir empfinden, wenn die Menschen um uns herum sich nicht so verhalten, wie wir das gerne hätten. Auch wenn sich sicher viele in Einsteins Nähe wie Idioten gefühlt haben, bezweifeln wir, dass dieser Satz tatsächlich von Einstein stammt. Ein so intelligenter Mann wie er hätte wahrscheinlich keinen so unreflektierten Satz rausgehauen. Im Grunde spielt der Zitatgeber hier auch keine Rolle. Wirklich wichtig ist die Aussage des Satzes. Sie zeigt die Haltung vieler Menschen gegenüber anderen. Sie bewerten Menschen um sich herum und sie werten sie ab, weil sie deren Äußerungen und Handlungen nicht verstehen und nicht nachvollziehen können. Also entscheiden sie sich dafür, dass die anderen »Idioten« sind.

Bewerten ist menschlich

Weißt du was, dieses Bewerten ist ziemlich menschlich. Wir tun es, du tust es und all die anderen um uns herum tun es auch. Die Evolution hat Schuld – es geht um unseren Platz in der Welt. Wir brauchen das für unser Selbstwertgefühl, für unser Ansehen, für unseren Status. Im Grunde machen wir uns also über die Herabwürdigung anderer größer. Ein Satz wie »Der Hauptgrund von Stress ist der tägliche Kontakt mit Idioten« sagt also viel mehr über diejenigen aus, die ihn äußern, als über diejenigen, die er adressiert. Und der Witz dabei: Er zeigt eine Haltung, mit der wir Stress verursachen – und zwar bei uns selbst. Wie sagt Ben immer so schön: »Es gibt nichts und niemanden im Leben, der Stress auslöst – du reagierst mit Stress.« Dein Stress ist also vor allem eins: dein Ding. Wie wir es auch drehen und wenden, ob es uns gefällt oder auch nicht. Genau so ist es. So lange du dir also den Schuh anziehst, andere zu bewerten, schaffst du dir selbst Stress, den du erst einmal nicht brauchen kannst. Trotzdem können wir diesen Druck, der dadurch bei uns entsteht, häufig nicht abstellen oder gar vermeiden. Aber, wir können den Blick darauf verändern. Dann löst sich die Anspannung oft wie magisch und verwandelt sich in pure Energie.

EINE GESCHICHTE!

It's a match – Ben und Christo lernen sich kennen

Dazu wollen wir dir eine Geschichte erzählen. Aber nicht irgendeine, es ist unsere Geschichte. Die ist nämlich auch untrennbar mit Stress verbunden, und zwar mit unnötigem, den wir uns selbst gemacht haben. ABER: Auch aus diesem Stress hat sich ja was ganz Tolles entwickelt. Da wir uns über den Ablauf nicht mehr ganz einig sind, gibt's die Story gleich aus zwei Perspektiven. Es war einmal …

Christo:

... 2015. Ich wurde unter 200 Bewerbern ausgewählt, am Finale des Stockstädter Kleinkunstpreises teilzunehmen. Ich weiß noch ziemlich genau, wie ich da ankam und begrüßt wurde. Ben stand über mir auf einer Empore. Er schaute runter, ich schaute hoch und wir dachten beide: »Was für ein Idiot!« Es war Abneigung auf den ersten Blick. Also gingen wir uns aus dem Weg und redeten nicht wirklich miteinander. Stattdessen beäugten wir uns kritisch aus der Ferne, wir waren ja Konkurrenten und beide angetreten, um zu gewinnen.

Dann kamen die anderen Kandidaten an und wir hatten plötzlich etwas gemeinsam: Wir waren nervös und wir wollten unbedingt besser sein. Vielleicht war es auch die gewisse Arroganz, die du als Künstler brauchst, um vor einer Jury gegen andere anzutreten. Es kam mir auf jeden Fall ganz gelegen, dass eine der Kandidatinnen nicht glauben wollte, dass Hypnose wirklich funktioniert. Also hypnotisierte ich sie auf eigenen Wunsch. Das wiederum fand Ben ziemlich unterhaltsam. Es war dann der Moment, von dem an das Eis gebrochen war und wir uns gewissermaßen verbrüderten. Ich möchte aber nicht unerwähnt lassen, dass ich vor Ben den zweiten Platz gemacht hatte. So viel Zeit muss sein, auch wenn es nur drei Punkte Vorsprung waren.

WAS HAT DAS MIT STRESS ZU TUN?

Generell verursacht eine Situation, in der wir mit anderen kon-kurrieren zunächst einmal Stress. Denn, wenn wir es genau nehmen, stehen wir ja im Wettbewerb ums »Überleben«. Stein-zeitlich betrachtet bedeutet es, dass wir, falls wir einen Con-test nicht gewinnen, nichts zu futtern kriegen: kein Erfolg bei der Jagd, kein Mammut auf dem Tisch. Auf heute und auf die Künstlersituation übertragen heißt ein hinterer Platz, dass wir nicht wahrgenommen werden und dass wir keine mediale Be-richterstattung bekommen. Wir können unseren 15-Minuten-Fame also nicht gewinnbringend für uns nutzen. Im schlimms-ten Fall verschwinden wir trotz großer Chancen wieder in der Versenkung. Ja, etwas überspitzt gesagt. Aber was ist schon ra-tional, wenn wir nervös sind, Angst vor dem Versagen haben, uns anderen gegenüber nicht unterlegen fühlen wollen?

Ben:

In meinen Augen war es so, dass wir die ersten Akteure waren, die dort aufgeschlagen sind. Ich dachte ja, Christo wäre vor mir schon dort gewesen. Aber sei's drum. Vielleicht weiß er es auch besser. Damals sah Christo noch wie ein ganz lieber, jun-ger Bub aus. Ich fand ja, wir waren gleich sehr offen im Um-gang miteinander und haben auch relativ schnell über unsere Fachbereiche Zauberei und Hypnose gesprochen. Grundsätz-lich, da sind wir uns einig, fand ich Hypnose superspannend. Ich konnte mir aber das kritische Auge nicht verkneifen. Ich wollte erst mal was sehen, bis mich das Thema in Kombi mit Christo wirklich überzeugte. Wie wir Schwaben sagen: »Ker-le, zoig erscht Mol, was de kannsch.« Tatsächlich hatte unsere

Mitstreiterin auch nicht dran geglaubt und als sie dann unter Hypnose plötzlich umfiel, war ich überzeugt. Ich glaube halt nur Sachen, die ich selbst sehe. Von da an dachte ich: »Ach du Scheiße, das muss tatsächlich funktionieren.« Das war ein richtiger Schlüsselmoment, um zu sehen, die Materie ist verrückt und der Christo muss es richtig draufhaben, wenn die nach zehn Minuten am Boden liegt. Die Klappen, die vorher zu waren, gingen auf und meine Einstellung, »das kenn ich nur aus dem Fernsehen und glaub das nicht«, hat sich in Begeisterung verwandelt.

Ok, es stimmt, Christo hat vor mir den zweiten Platz gemacht. Aber das lag nur daran, dass ich einen Kumpel dabeihatte, der im Publikum ständig »Ben David« gebrüllt hat. Da dachten die anderen wohl: »Der kriegt eh genug Stimmen und haben dann Christo gewählt.«

UND DIE MORAL VON DER GESCHICHTE?

Was dir diese Geschichte zeigen soll: Die Perspektive auf dieselbe Situation variiert von Person zu Person – genauso verhält es sich auch mit Stress. Den einen setzt etwas tierisch unter Druck, die andere feuert das erst richtig an und sie holt das Beste aus sich raus. Vielleicht kennst du das noch aus der Schule oder der Uni. Es gab halt immer Leute, die ganz easy kontinuierlich gelernt haben. Man könnte meinen, die wären total entspannt in Prüfungen gegangen. Aber nein, zumindest der große Teil von denen dachte: »Mist, ich hab' noch nicht genug getan.« Die hatten dann oft Dauerstress, weil's einfach nie ausreichend war oder sich zumindest für sie nicht so anfühlte. Auf der anderen Seite standen diejenigen, die sich ein entspanntes Leben gönnten und kurz vor einer Prüfung fiel ihnen auf: »Shit, ich muss was tun, sonst falle ich durch.« Die hatten dann auch Stress, aber nur kurz, und sind trotz Mut zur Lücke oft über sich hinausgewachsen. Andere Perspektive, anderer Stress.

Am besten gefällt uns aber, dass aus dem Stress, den wir beide mit uns und unserer Situation in Stockstadt hatten, eine gemeinsame Erfolgsstory entstanden ist. Wir haben uns noch vor Ort connectet, sind danach schnell in den Austausch gegangen und wussten: Zusammen hat das Potenzial. Wir haben uns unter Stress zu Höchstleistungen aufgeschwungen. Unser Stress in der Situation, besonders aber unser Umgang damit, hat uns angestachelt und für die nötige Magie gesorgt, die wir brauchten, um erst alleine und dann gemeinsam richtig loszulegen. Zwar konnte keiner von uns den Wettbewerb gewinnen, wir haben aber beide top abgeliefert und wir haben uns als Team zusammengetan. Der Stress hatte für uns also was Magisches.

Was ist Stress denn eigentlich?

Dieses Buch soll nicht nur Behauptungen aufstellen. Wir wollen auch zeigen, dass alles, was wir so in den Raum stellen, auch Hand und Fuß hat, also wissenschaftlich belegbar ist. Wir haben bereits geklärt, dass Stress per se erst einmal nichts Negatives sein muss. In manchen Situationen brauchen wir ihn und er bringt uns sogar voran, weil er aus unserem Körper ein echtes Powerpaket macht. Das liegt daran, dass wir Menschen zum größten Teil noch so funktionieren wie in der Steinzeit: Stress bedeutet, dass wir auf die Emotion »Angst« reagieren. Und Angst entsteht, wenn wir uns bedroht fühlen.

Stell dir vor, du lebst als Steinzeitmensch vor einer Million Jahren. Während du gerade dabei bist, Pflanzen und Früchte zu sammeln, springt ein Säbelzahntiger aus dem Gebüsch und brüllt dich an. Dein Herz schlägt bis zum Hals, du atmest schneller als normal und ganz flach. Deine Muskeln spannen sich an und du schwitzt, obwohl deine Hände und Füße abkühlen. Zu Recht denkst du: Verdammt, mein Leben wird bedroht! Das wird dir nicht gefallen. Du bekommst Angst und diese Angst löst in deinem Körper Stress aus und der wiederum will, dass du reagierst. Du kannst jetzt bleiben, dich der Gefahr stellen und kämpfen oder du siehst zu, dass du Land gewinnst. In beiden Fällen versuchst du, deine Haut zu retten. Hier hilft dir Stress dabei, am Leben zu bleiben: Um kämpfen oder flüchten zu können und unbändige Kräfte freizusetzen, pumpt dein Organismus die Stresshormone Noradrenalin und Cortisol durch den ganzen Körper. Du kannst dir sicherlich vorstellen, dass so etwas ganz schön viel Kraft kostet.

LAMPENFIEBER, PRÜFUNGSANGST
UND VIELES MEHR

So ähnlich geht es Menschen auch, wenn sie unter Lampenfieber leiden, eine Prüfung absolvieren müssen oder sogar, wenn sie spät dran sind und die Bahn unbedingt noch erreichen müssen: Kurzum, eine Million Jahre später mögen die Gefahren sich geändert haben. Unsere Reaktion bleibt aber die gleiche: Angst und damit Stress. Dass eine Stressreaktion eintritt, können wir nicht verhindern. Das ist genetisch so festgelegt. Aber Angst ist in unserer Gesellschaft in fast allen Situationen gelernt, nicht real und entspringt in der Regel keiner lebensbedrohlichen Lage mehr. Oder hast du schon mal jemanden gesehen, der vor lauter Lampenfieber tot umgefallen ist? Wir haben eine wirklich richtig gute Nachricht für dich: Was du dir antrainiert hast, kannst du auch wieder abtrainieren. Deswegen kann jeder, mit den richtigen Methoden Angst und Stress aus seinem Leben ausradieren.

Zum Beispiel so:

»LOVE IT, CHANGE IT OR LEAVE IT« – den Spruch hast du sicher schon einmal gehört. Klingt nach abgedroschener Motivationsrhetorik, das ist uns klar. Manchmal sind es aber die ältesten Weisheiten, die den Nagel auf den Kopf treffen – oder in diesem Fall, die dafür sorgen können, dass du Ängste und Stress loslassen kannst. Ganz ehrlich, so leicht wie es klingt, ist das Ganze gar nicht. Deshalb brauchen wir so einfache Sprüche, die wir uns in stressigen Situationen ins Gedächtnis rufen können.

Hierbei geht es vor allem darum, sich zu entscheiden. Du kannst:

A) LOVE IT: Eine stressige Situation so annehmen, wie sie ist, sie quasi umarmen und dich mit ihr anfreunden und damit leben, dass es nun mal einfach genau so ist, wie es ist. Punkt. Alleine diese Akzeptanz raubt Angst und Stress die Existenzgrundlage. Damit verringert sich der Schmerz, den die Situation für dich auslöst. Druck und Last können von dir abfallen. Außerdem klärt Akzeptanz deine Gedanken und gibt den Blick frei auf alle Chancen und Möglichkeiten, die sich dir von nun an bieten.

Ist diese Lösung nichts für dich, raten wir zu folgender Variante:

B) CHANGE IT: Die stressige Situation verändern, beziehungsweise die Perspektive darauf. Hierbei geht es vor allem um die Entscheidung dafür, sich gedanklich zu bewegen. Löst eine Situation Schockstarre aus, gilt es, einen Move zu machen. Frag dich zum Beispiel: Ist meine Lage wirklich so schlimm, wie sie sich gerade anfühlt, oder kann ich ihr mit einem etwas anderen Blick darauf, etwas Positives abgewinnen? In der Regel klappt das gut.

Kannst du auch mit dieser Lösung nichts anfangen, bleibt immer noch die nächste Tür, durch die du gehen kannst:

C) LEAVE IT: Verlasse die stressige Situation so schnell wie möglich. Stell dir vor, du streitest dich mit einer Freundin, dem Partner, einer Kollegin oder einem Fremden, der dir gerade so richtig auf die Nerven geht. Sind wir innerlich so aufgewühlt, dass wir nicht mehr klar denken können, hilft oft nur noch, sich aus der Situation zu lösen, bevor sie völlig eskaliert und wir mit Konsequenzen leben müssen, die wir nicht erleben wollen. Fremde kannst du manchmal einfach stehen lassen und den Streit abhaken. Bei Menschen, mit denen du täglich zu tun hast, ist das schwieriger. Hier brauchst du etwas Fingerspitzengefühl. Wie wäre es zum Beispiel mit einem Satz wie: »Wir finden hier gerade keine Lösung und ich kann damit im Moment nicht umgehen, deshalb gehe ich jetzt. Lass uns, wenn wir uns beide runtergekocht haben, in Ruhe weitersprechen.« Mit so einer Formulierung bleibst du bei dir selbst, wirfst deinem Gegenüber nichts vor, verlässt aber die stressige Situation, noch bevor sie weiter eskaliert.

Du kannst vielleicht nicht immer zwischen allen drei Varianten wählen. Eine Entscheidung solltest du aber auf jeden Fall treffen, damit sich etwas verändert. Doch auch das Treffen von Entscheidungen ist eine Frage der Routine. Da wir stressige Situationen aber selten im Voraus planen können, trainierst du den Umgang damit am besten mit Beispielen aus der Vergangenheit. Erinnere dich immer wieder einmal an Umstände, die für dich völlig aussichtslos schienen oder die dir zumindest ziemlich viel Angst bereitet haben. Schreib sie dir am besten sogar auf, um sie dir deutlich vor Augen zu führen. Und dann frag dich, wie du da rausgekommen bist. Du wirst sehen, auch außerhalb deiner Komfortzone warst du viel häufiger erfolgreich, als du vielleicht denkst. Und jede bereits erreichte Lösung ist ein Erfolgsweg aus der Stressfalle und trainiert dich für zukünftige Situationen.

EINE GESCHICHTE!

Unsere erste Show

Freitag, der 15. Januar 2016: In wenigen Minuten öffnet sich im Volkshaus Gera der Vorhang für »Die Unfassbaren«. Mehr als 300 Besucher und Besucherinnen erwarten zu Recht eine Show der Superlative: Magie und Showhypnose vom Feinsten. An sich erst mal kein Ding. Die Situation kennen wir beide schon lange. Solo steht jeder von uns bereits rund 200 Tage im Jahr auf der Bühne. Aber heute findet die erste Show statt, die wir gemeinsam bestreiten. Die Location ist bis auf den letzten Platz ausverkauft. Man könnte meinen, wir wären aufgeregt. Aber routiniert wie wir sind und uns zu diesem Zeitpunkt auch (noch) fühlen, kennen wir beide nur noch wenig Lampenfieber mehr. Ehrlich. Dafür sind wir einfach schon zu lange im Geschäft. So viel zur Standardsituation.

Aber heute ist alles anders. Wir sind ja bisher noch nie gemeinsam aufgetreten und wissen nicht, ob unser Showkonzept überhaupt aufgeht. Ursprünglich dachten wir, »Die Unfassbaren« könnten eine nette kleine Ablenkung von unseren alltäglichen Shows sein. Die Idee entstand in einer Kneipe bei zwei, drei oder vielleicht waren es auch acht Bier. Einen Versuch, dachten wir, wäre das schon wert. Wir hatten überhaupt nicht damit gerechnet, dass gleich die ersten beiden Shows völlig ausverkauft sein würden. Da stehst du dann doch ganz schön unter Druck – vor allem, wenn du, wie wir beide an diesem Abend – nicht so richtig gut vorbereitet bist: Wir haben keinen festen Plan, improvisieren – ohne klare Linie, an der wir uns entlanghangeln können und mit einer Organisation, die die Bezeichnung

»Chaos« mehr als verdient. Lasst uns bitte nicht über die Proben sprechen ... die würden wir gerne aus unserem Gedächtnis streichen. Kurzum: Wir hatten ganz schön Stress.

Doch es hilft alles nix. Wir müssen auf die Bühne. Es ist 20 Uhr, der Vorhang geht auf und »Trommelwirbel« ... die ersten 30 Sekunden sind bereits der blanke Horror. Es geht alles schief, was schief gehen kann: Mit seinen ersten Schritten auf der Bühne rennt Ben gleich das halbe Bühnenbild über den Haufen. Es folgt ein spektakulärer Move, der, wäre Ben Eiskunstläufer, jetzt der »doppelte David« heißen würde, und das Mikrofon, das eigentlich an seinem Jackett feststeckt, hängt irgendwo auf der Höhe des Hosenbeins rum. Und Christo? Der steht reglos wie das Kaninchen vor der Schlange rum und ihm fällt einfach nichts ein, was er sagen könnte. Wer Christo kennt, weiß, dass es solche Situationen eigentlich NIE gibt.

In solchen Momenten betest du als Künstler: Lass die Zeit schnell vorübergehen. Aber natürlich tickt die Uhr genau dann quälend langsam. Für uns ist also der Super-GAU eingetreten. Wir denken: Das war's, nette Idee, aber klappt nicht. In Gera wird nie wieder irgendjemand ein Ticket für uns kaufen. Wir sehen uns schon nach der Show mit Schadensersatzforderungen konfrontiert. In so einer Situation läuft ja so mancher Film in deinem Kopf ab. Wir sind uns auf jeden Fall ganz sicher: Das Ende der »Die Unfassbaren«-Karriere ist eingeläutet.

Und das Publikum? Die amüsieren sich köstlich. Sie lachen und lachen und lachen ... Den ganzen Abend glänzen wir mit Dilettantismus und unser Publikum hat den Spaß seines Lebens. Selbst im Rückblick ist uns nicht so richtig klar, was da eigentlich passiert ist. Wie krass unterschiedlich Situationen wahrgenommen werden können, fasziniert uns immer wieder.

UND DIE MORAL VON DER GESCHICHTE?

Der ganze Stress, den wir uns gemacht haben, war völlig umsonst. Es ist alles eine Frage der Perspektive. Wir haben irgendwann die Situation einfach so angenommen, wie sie war, und weitergemacht. Mit vollem Erfolg. Unser Publikum war vollauf begeistert. Und das Wichtigste: Es gibt uns immer noch – gemeinsam auf der Bühne und unfassbar entspannt.

‼ In Kürze:

- Hinter allem, was uns stresst, steckt eine Angst. Das hat die Evolution so eingerichtet und das ist gut so. Denn die Stressreaktion des Körpers sichert schon seit Jahrtausenden das Überleben der Menschheit – und zwar stets in dieser Reihenfolge:

1. Eine Bedrohung ist vorhanden.

2. Angst wird ausgelöst.

3. Wir stehen unter Stress.

- Durch diese natürliche Reaktion wird der Körper in hohe Aufmerksamkeit und Reaktionsfähigkeit versetzt. Wir sind leistungsstärker als wir selbst glauben. Das war wichtig, als wir noch ganz unverhofft von Säbelzahntigern bedroht wurden. Dann hieß es »fight or flight« – also Kampf oder Flucht. Was früher der Säbelzahntiger war, sind bei uns immer wieder neue Bühnensituationen und wieder andere fürchten sich davor, Vorträge zu halten, Prüfungen zu schreiben, Hohn und Spott ausgesetzt zu sein und vieles mehr. In allen Fällen reagieren wir heute noch genauso wie in der Steinzeit: mit Stress. Und damit fokussieren wir uns auf unsere Ängste.

- Man mag es kaum glauben, aber unsere Instinkte, die vom Gehirn gesteuert werden, haben sich in Sachen Angst nicht weiterentwickelt – obwohl wir heute sehr selten auf Säbelzahntiger treffen. Das können wir also ausschließen. Wir sollten uns klarmachen, dass der Stress, mit dem wir es heutzutage zu tun haben, ganz oft nur eine Frage der Perspektive ist. Und diese Perspektive lässt sich verändern, indem wir eine Situation so annehmen, wie sie ist – ganz neutral und ohne Panik und Wut. Oder wir schauen mit einer anderen Brille darauf: Ist sie tatsächlich so ausweglos oder kann ich vielleicht sogar etwas Positives für mich daraus mitnehmen? Wenn das beides nicht klappt, hilft nur die »Flucht« aus der Situation, um den Stress loszuwerden. Hin und wieder ist auch das die beste Variante. Egal, für welche Variante du dich in deiner Belastungssituation entscheidest, eins ist ganz wichtig: Halte dir vor Augen, dass wir uns Ängste, also unsere Stressauslöser, antrainiert haben. Und alles, was wir gelernt haben, können wir auch aktiv wieder verlernen. Dann ist auch der Stress schon bald wie weggeblasen.

2. Volkskrankheit Stress

Dieses Kapitel könnten wir auch »Das Kapitel der Fakten« nennen. Wir wollen dir hier näherbringen, wie sich Stress zu einer echten Volkskrankheit entwickelt hat. Das behaupten wir nicht einfach so. Die WHO, also die World Health Organisation, bezeichnet Stress als DIE Volkskrankheit des 21. Jahrhunderts. Und du kennst das sicher auch, dieses ewige Höher-schneller-weiter-Thema. Irgendwie geht das an niemandem wirklich vorbei. Oder sagen wir mal so: Nur sehr wenige lassen das an sich vorbeiziehen. Wir sind alle ständig im Außen und lassen uns von all den Dingen, die um uns herum geschehen so sehr beeinflussen, dass wir dauernd in Stress geraten. Kurzum, viel Stress ist einfach hausgemacht. Dabei geht es noch nicht mal darum, dass wir uns immer selbst reinmanövrieren. Vielmehr geht es um den Umgang mit allem, was uns von extern in diesen Zustand versetzt.

Hier mal ein paar Beispiele, was wir so an Stress hatten, wenn wir auf Tour waren und ein paar entspannte Lösungen, durch die wir da rausgekommen sind:

1. Wir hatten in Hamburg mal einen Techniker, der, sagen wir mal, offen war für das Thema Hypnose. Das ist natürlich super, wenn du an Licht und Ton jemanden sitzen hast, der sich für das, was auf der Bühne stattfindet, so richtig begeistern kann. Wir waren also sehr entspannt, weil alles glatt lief – bis Christo im Hypnoseteil seine Gäste auf der Bühne hypnotisierte. Er gab das Kommando: »Schlaf« und auf der Bühne wurde es ruhig – und im Saal wurde es dunkel. Nicht nur die Teilnehmer an der Hypnosesession folgten dem Kommando. Unser Techniker war so sehr bei der Show dabei, dass er auf sein Mischpult sackte und dabei das Saallicht ausgeschaltet hatte.

Die unentspannte Lösung:

 Wir hätten jetzt natürlich so richtig in Panik geraten können. Das ist schon blöd, wenn mal eben gar nichts mehr geht und da Leute vor und auf der Bühne sitzen, denen man etwas bieten muss und die plötzlich im Dunkeln sitzen. Also regen wir uns so richtig auf, steigern uns rein, schaukeln uns immer weiter hoch. Der Techniker kann nach der Show so richtig was erleben! Wahnsinn, dass er uns so hängen lässt. Was für ein Idiot ... Du weißt, worauf wir rauswollen. Diese Lösung wäre genau das, was uns erst so richtig in Stress versetzt hätte. Und davon hätten wir so gar nichts gehabt – und viel schlimmer, das Publikum auch nicht, das im ersten Moment eh noch dachte, das sei alles Teil der Show. Wir hätten immer noch alle im Dunkeln gesessen und wir hätten die Show wahrscheinlich knicken können. Klar, als Bühnenprofi kannst

du in der Regel auch mit so scheinbar ausweglosen Situationen umgehen. Frust, Ärger, Wut und Aufregung helfen an dieser Stelle aber nicht weiter. Deshalb haben wir uns für folgende Lösung entschieden:

Die entspannte Lösung:

 Eine solche Situation erlaubt es leider nicht wirklich, sie auszusitzen. Ansonsten tappt man – in unserem Fall wortwörtlich – weiter im Dunkeln. Wir brauchten also eine schnelle und kluge Reaktion. Deshalb haben wir uns kurzerhand dazu entschieden, das Ganze in die Show einzubauen und das Publikum weiter im Glauben zu lassen, es sei von vorneherein so geplant gewesen. Zum Glück war nur das Licht aus, aber nicht die Mikros. Und als Christo nach dem ersten Schock seine Stimme wieder gefunden und sich gegen das Fluchen und den Stress entschieden hatte, konnte er den Techniker mit ein paar magischen Worten aufwecken und es konnte weitergehen. Moment mal, Christo kann doch gar nicht zaubern. Egal, dann waren es wohl eher hypnotische Worte. Das Licht war auf jeden Fall wieder an und die Show konnte weitergehen.

Für das Publikum sind solche Situationen, wenn man sie entspannt auflöst, etwas Besonderes, weil sie nicht in jeder Show vorkommen. Das ist also nicht die Zeit für Perfektionismus – es ist die Zeit für Flexibilität und Improvisation.

Du kannst jetzt sagen: Pah, ich steh doch nicht auf der Bühne – so was kann mir gar nicht passieren. Und ob! Auch wenn du nicht auf einer Bühne stehst, tauchen bei dir doch immer wieder Situationen auf, die du nicht vorhersagen kannst und die dich in Schwierigkeiten bringen können. Ob das Technikprobleme bei einer Präsentation sind oder die Verspätung der Bahn – was auch immer dafür sorgt, dass nicht alles in den geregelten Bahnen läuft, die du dir wünschst, kann dich in Stress versetzen. Es sei denn, du lässt das nicht zu. Um es mit John Lennons Worten zu sagen:

>»LEBEN IST DAS,
WAS PASSIERT, WÄHREND
WIR DAMIT BESCHÄFTIGT SIND,
ANDERE PLÄNE ZU MACHEN. «

2. In der Stadt Siegen wurden wir einmal mit einer für uns völlig neuen Situation konfrontiert. Uns schlug Rechtsextremismus aus der alleruntersten Schublade entgegen. Wir bekamen tatsächlich Morddrohungen übers Internet. Es wurde wegen unserer Namen vermutet, dass wir Ausländer seien und schwul. Es gab Kommentare wie: »Wir, die Deutschen, wollen nur deutsche Künstler auf der Bühne sehen. Und ihr glaubt wohl, ihr seid die Geilsten. Aber wir machen euch fertig und ihr erlebt den nächsten Morgen nicht mehr.« Wir hätten das nie für möglich gehalten, dass uns mal so etwas passiert. Wie heißt dieser schöne James-Bond-Film? »Sag niemals nie«. Der Meister wusste, wovon er spricht. Aber Spaß beiseite. Du kannst dir vorstellen, dass so etwas für uns ganz schön stressig ist. Mit unserer, wie wir dachten, harmlosen Magie und Hypnose ins Kreuzfeuer zu geraten, war übel. Klar, dass wir das nicht so einfach auf uns sitzen lassen und so tun konnten, als ob nichts wäre.

Die unentspannte Lösung:

Wir hätten jetzt natürlich alles absagen können. Ein wenig Angst um unsere Leben oder zumindest unsere körperliche Unversehrtheit hatten wir schon. Das hätten die Zuschauer nach einer Erklärung unsererseits sicher auch verstanden. Aber eine wirkliche Lösung wäre das ja nicht gewesen. Es hätte im Grunde für all diejenigen Tür und Tor geöffnet, die ihren Frust mal bei uns abladen wollen und signalisiert: Wir geben klein bei. Ihr könnt uns ruhig bedrohen, wir lassen uns davon so sehr stressen, dass wir bereit sind, unsere Shows deswegen abzusagen. Keine gute Idee. Deshalb haben wir uns für Folgendes entschieden:

Die entspannte Lösung:

Natürlich sind wir zur Polizei gegangen. So richtig ist dabei aber nichts rausgekommen. Wenn du noch nicht mal weißt, wer dich da bedroht, musst du so eine Drohung auf jeden Fall ernst nehmen. Wir haben aber trotzdem gespielt und der Abend war gut – unter anderem auch, weil die Polizei, um auf Nummer sicher zu gehen, einfach bei der Show dabei war und mehr Spaß hatte als wir.

Jetzt kannst du wieder sagen: Ich kriege ja keine Morddrohung, warum soll ich mir über so was Gedanken machen? Hast du in letzter Zeit mal bei Facebook oder Instagram Kommentare gelesen? Wahnsinn, wie die Menschen miteinander umgehen. Das schockt uns immer wieder. Falls du in diesen sozialen Medien aktiv bist, kann dir das leider auch jederzeit passieren und oft völlig unerwartet. Lass dir bitte keine Angst einjagen von dem, was da an Kommentaren auf dich einprasseln kann. Aber lass dir auch nicht einfach alles gefallen. Es gibt durchaus Möglichkeiten, gegen Drohungen und Ähnliches vorzugehen. In vielen Fällen ergibt das auch Sinn, um entspannt zu bleiben. Dafür lohnt es sich, um Hilfe zu bitten. Es gibt beispielsweise Organisationen wie HateAid, die Betroffene digitaler Gewalt kostenlos beraten.

3. Mit einer für uns komischen Situation sehen wir uns immer wieder konfrontiert: Hypnose wird oft als Bedrohung wahrgenommen. Manchmal nehmen Partner auch unterschiedliche Haltungen dazu ein. Die eine hat Spaß dabei, auf der Bühne mitzumachen, und der andere findet das ganz schön ätzend und es ist ihm nicht geheuer, wenn der Partner auf der Bühne »schlafen« gelegt wird. Bei uns sind es häufig die Männer, die gereizt reagieren. Regelmäßig wird Christo nach der Show angemacht, weil viele Hypnose nicht verstehen und nicht nachvollziehen können.

Die unentspannte Lösung:

 Klar nervt das. Christo macht ja auf der Bühne seinen Job – ja, Hypnotiseur ist tatsächlich ein Beruf und den hat er auch tatsächlich gelernt. Der macht damit keine Faxen, sondern geht sehr verantwortungsvoll vor. Es bringt aber in Situationen, in der dein Gegenüber schon aufgebracht und gestresst ist, nichts, auch noch dagegenzuhalten. Wenn wir in so einer Situation zurückbrüllen oder -meckern, hilft das keinem. Deshalb entscheiden wir uns in solchen Fällen für ...

...die entspannte Lösung

 Manchmal hilft es, Hypnose näher zu erklären und zu zeigen, dass es nicht um Manipulation geht, sondern darum, etwas aus den Leuten herauszukitzeln. Wenn das nicht

weiterhilft, brauchen wir auch mal Unterstützung. In solchen Fällen kann ein Dritter, in unseren Fällen sind das in der Regel Security-Leute, schlichtend eingreifen. Meist geht es nur darum, etwas Unbekanntes, das einem Angst macht, einordnen zu können.

Was für diese Hypnose-Situationen gilt, kann jedem genauso im Alltag geschehen. Wir können für solche Fälle nur raten, ruhig zu bleiben, auch wenn du innerlich aufgewühlt bist. Denn gestresst an schwierige Situationen heranzugehen, hilft keinem. Im Gegenteil. Oft eskaliert eine Situation nur dann, wenn Aggression auf Aggression trifft.

Mit diesen Beispielen konnten wir dir hoffentlich zeigen, worauf wir in diesem Kapitel hinauswollen: Stress lauert einfach immer und überall. Es liegt aber tatsächlich in unserer Hand, ob wir ihn reinlassen oder nicht. Denn wir haben immer zwei mögliche Wege, die wir einschlagen können. Einen entspannten und einen unentspannten. Wir können dem Stress der anderen mit Stress begegnen – und damit die Situation zum Eskalieren bringen. Oder wir entscheiden uns für Deeskalation, für die Chance auf Ruhe und Frieden. Wir plädieren immer für Variante zwei.

Ein paar Fakten

Wusstest du, dass Stress zu vermeiden oder abzubauen zu den größten Wünschen der Deutschen gehört? Die Krankenkasse DAK führt in Zusammenarbeit mit der »Gesellschaft für Sozialforschung und statistische Analysen«, kurz »Forsa«, jedes Jahr eine Umfrage durch, um die guten Vorsätze der Deutschen des vergangenen Jahres und deren Umsetzung abzufragen. Es wird wohl niemanden wundern, dass die meisten ihren Stress loswerden wollen. Wir leben halt in schwierigen Zeiten, in denen schon genug Druck von außen auf uns einprasselt.

Grund genug, um genau dieses Thema anzugehen. Erinnere dich noch mal an das letzte Kapitel: Stress ist oft eine Sache der Perspektive. Wenn wir also die Perspektive verändern, lässt sich vieles von selbst lösen. Da wir aber nicht alles, was uns stresst, selbst beeinflussen können, müssen wir unsere Haltung dazu verändern. Das gilt nicht nur für jeden Einzelnen, sondern auch für unsere Gesellschaft als Ganzes. Es ist doch wirklich nicht nachvollziehbar, dass Stress immer noch in vielen Bereichen als Tabuthema gilt. Es lässt sich einfach nicht vermeiden, dass wir alle uns immer wieder mit Stresssituationen konfrontiert sehen. Aber irgendwie scheint sich auch in 2022 noch keiner leisten zu können, das zuzugeben oder gar aktiv dagegen vorzugehen. Das betrifft besonders Menschen, die in Unternehmen arbeiten. Wer sich outet, läuft Gefahr, sein Karriereende damit sofort einzuleiten. Aber auch im privaten Umfeld dürfen wir das Thema nicht unterschätzen. Wenn wir in unserer Beziehung oder in Freundschaften oder im Verhältnis zu Geschwistern oder Eltern unter Dauerstress stehen, sind Depression und Burnout quasi vorprogrammiert und es droht die Gefahr, dass wir aus dieser Falle nie wieder herauskommen. Wir überfordern unseren Körper damit aber gnadenlos und im Endeffekt hat Stress, der sich zunächst psychisch auswirkt, auch körperliche Folgen:

Die Techniker Krankenkasse hat 2021 die Studie »Entspann dich, Deutschland« *https://www.tk.de/presse/themen/praevention/gesund-heitsstudien/tk-stressstudie-2021-2116602* durchgeführt, um herauszu-finden, wie gestresst wir Deutschen durchs Leben gehen. Das erste Mal gab's diese Studie 2013. Seither beobachtet die TK einen Anstieg um 30 Prozent – in Worten: Dreißig! Das ist doch Wahnsinn! Kein Wunder, dass so viele ständig unter Kopfschmerzen, Erschöpfungszuständen und Schlafproblemen leiden. Das ist aber lange nicht alles, was Stress bei uns auslösen kann. Wir kriegen Herzrasen, Schweißausbrüche, Rückenpro-bleme, Magen-Darm-Beschwerden und Verspannungen. Es gibt sogar Studien, die sagen, dass Stress Krebs auslösen kann. *https://www.nature.com/articles/s41586-019-1019-4*

Wir wollen dir wirklich keine Angst einjagen, aber unbedingt dafür sorgen, dass du das Thema ernst nimmst. Denn wenn die Batterie erst leer ist, dann ist sie leer. Wenn du Glück hast, ist deine Batterie ein Akku und lässt sich immer wieder aufladen. Aber dafür braucht sie eine Pause. Du weißt schon, dieses kurze

Wort mit fünf Buchstaben. Fängt mit P an und hört mit E auf. Dazu kaufst du noch ein »AUS« und los geht's.

Klar, wir wollen alle auf unserem Gebiet echte Rockstars sein. Aber, um bei der Metapher aus der Musikbranche zu bleiben, kann eben auch nicht jeder vor Zehntausenden spielen. Das ist gar nicht schlimm. Auch vor 1.000 Leuten aufzutreten, kann schon ziemlich groß sein. Und mal im Ernst, wer will schon Sex und Drugs und Rock'n Roll? Ja, ja, schon gut. Manchmal ist das schon ganz schön – also das mit dem Sex und dem Rock'n Roll. Schau dir die alten Rockstars doch mal an. Die meisten haben das mit dem »Live fast, die young« ganz schön ernst genommen. Ausnahmen bestätigen die Regel. Aber dann wundere dich nicht, wenn du mit 50 schon aussiehst wie 80. Oder wundere dich nicht darüber, dass du vom vielen, pausenlosen Arbeiten lethargisch und phlegmatisch wirst.

Ein anderes Beispiel: Stell dir vor, du wärst mit einem E-Auto auf der Autobahn unterwegs und rollst mit dem letzten bisschen Strom, das noch in der Batterie verblieben ist, auf eine Raststätte. Jetzt hast du die Gelegenheit, den Akku deines staatlich geförderten E-Mobils an die Stromtanksäule anzuschließen. Ein paar Minuten, wie das beim klassischen Rüssel-reindraufdrücken-vollmachen-bitte, also bei Benzin und Diesel läuft, reichen nicht aus. Es sei denn, du willst die Karre nur ein paar Meter bewegen. Du sitzt also erst einmal fest auf dem Rasthof. Das heißt: PAUSE! Danach geht's frisch und fröhlich wieder weiter und dein E-Mobil bringt dich entspannt und sicher ans Ziel.

 Wir wären nicht »die Unfassbaren«, hätten wir nicht wieder ein paar Lösungsstrategien für dich am Start. In einer Zeit, in der oft alles drunter und drüber geht und wir permanent mit Neuem und Anderem konfrontiert werden, ist es natürlich, dass wir Menschen ganz oft nicht mehr wissen, wo uns der Kopf steht. Stress dich deswegen also nicht, sondern kümmere dich drum. Zum Beispiel so:

1. Die Mini-Meditation

 Wenn du in einer Situation feststeckst, in der du das Gefühl hast »Syntax Error«, nichts geht mehr, du hast aber keine Zeit, um wirklich Pause zu machen, weil du 50 Dinge gleichzeitig erledigen musst ... Dann brauchst du diese Mini-Meditation:

Lehn dich zurück, atme so lange wie möglich ein und aus. Und das bitte für mindestens eine Minute. Danach schreibst du dir eine To-do-Liste nach Wichtigkeit von eins bis X. Du wirst feststellen, dass es gar nicht 50 Dinge waren, die du dringend erledigen musst, und dass du viel lockerer und zielorientierter loslegen kannst. Dann streichst du einfach Punkt für Punkt von der Liste und damit auch aus deinem Kopf.

2. Rückwärts zählen

 Für die kleinen Stressmomente, die wir dir vorne in diesem Kapitel beschrieben haben, gibt es eine sehr einfache, aber wirksame Strategie. Bevor du impulsiv handelst – zum Beispiel auch, wenn du eine E-Mail bekommst, die dich aufregt, du grundlos angepöbelt wirst oder ähnliches – dann zählst du einfach rückwärts. Meist reicht es, von zehn runterzuzählen und schon sieht die Welt etwas anders aus. Wenn nicht, dann probiere es von 20. Klingt etwas stupide, aber es klappt wirklich. Probiere es unbedingt aus.

3. Tägliche Meditation

 Für viele mag sich diese Pausen-Taste nach Eso-Hippie-Fraktion anhören. Zum einen machen die einiges besser als die meisten von uns und zum anderen lohnt es sich, die tägliche Meditation als Stressbewältigungsstrategie einmal auszuprobieren. Zum Beispiel morgens für mindestens zwanzig Minuten. Wer jetzt denkt, das ist zu viel, dafür habe ich keine Zeit, dem möchten wir folgendes Zen-Zitat ans Herz legen:

»Du solltest jeden Tag
20 Minuten meditieren.
Außer du hast keine Zeit dafür, dann solltest du eine
Stunde lang meditieren.«

EINE GESCHICHTE!

Zwei gestresste Typen

Es waren einmal zwei Männer, einer ein Magier und der andere ein Hypnotiseur. Sie waren gemeinsam unterwegs und hatten ganz wahnsinnigen Hunger nach Anerkennung. Sie wollten unbedingt auf die große Bühne. Deshalb irrten sie so lange herum, bis sie eine Bühne fanden, die ihnen richtig gut gefiel. Anscheinend hatten David Copperfield und Woody Harrelson (Du erinnerst dich, der Hypnotiseur Merritt McKinney in den »die Unfassbaren«-Filmen) hier schon gespielt und die Bühne genauso zurückgelassen, wie die beiden Männer sie haben wollten. Also stellten sie sich auf diese Bühne, zauberten und hypnotisierten wie die Weltmeister. Nach und nach blieben die Leute stehen und schauten zu. Sie waren zufrieden. Aber das reichte den beiden Männern nicht. Sie wollten nicht nur ein zufriedenes Publikum, sondern ein begeistertes. Also zauberten und hypnotisierten sie weiter und weiter, so lange, bis das Publikum immer größer wurde und die Begeisterung wuchs und wuchs. Die beiden waren begeistert. Aber langsam wurden sie etwas müde. Die Zaubertricks klappten nicht mehr so gut und auch die Hypnose verfehlte immer wieder ihre Wirkung. Doch das Publikum forderte Zugabe um Zugabe. Die beiden Männer konnten einfach nicht aufhören.

Das unentspannte Ende:

 Die beiden machten so lange weiter, bis sie vor Erschöpfung zusammenbrachen. Anstatt aber weiterhin begeistert zu sein und

sich um die beiden zu kümmern, sodass sie ihre Akkus wieder aufladen konnten, forderte das Publikum, sie sollten gefälligst wieder aufstehen und wieder performen. Als das aber nicht geschah, pöbelten sie und verschwanden einer nach dem anderen. Zurück blieben zwei Männer mit Burnout.

Das entspannte Ende:

 Die beiden schauten sich gegenseitig eine Weile zu und bemerkten, wie müde der jeweils andere war. Sie kannten sich so lange, dass sie sich ohne Worte verstanden und beendeten die Aufführung in Einklang. Das Publikum tobte und forderte mehr und mehr. Anstatt aber weiter zu zaubern und zu hypnotisieren, zogen die beiden Männer Tickets hervor, die sie dem begeisterten Publikum anboten, damit sie die nächste Show auf keinen Fall verpassen würden. Die Zuschauer rissen ihnen diese Tickets aus den Händen und die beiden machten eine wohlverdiente Pause und traten einige Zeit danach wieder auf der großen Bühne vor begeistertem Publikum auf.

Und die Moral von der Geschichte?

Wer so lange arbeitet, bis er umfällt, bekommt keine Anerkennung dafür, sondern immer nur noch höhere Erwartungen. Wer immer wieder eine strategische Pause einlegt, bleibt kreativ und leistungsfähig.

Noch eine Geschichte?

Die Fabel von den Fröschen

Für alle, die lieber Frösche als Protagonisten mögen, hier noch eine Fabel, die auf den antiken Dichter Aesop zurückgeht, in einer eigenen, etwas freien Version:

Zwei Frösche gingen auf Wanderschaft und kamen an einem Bauernhof vorbei. Dort stand ein Eimer und die beiden neugierigen Tiere fragten sich, was da wohl im Eimer wäre. Also sprangen sie mit einem riesigen Satz hinein. Keine gute Idee. Denn der Eimer war zur Hälfte mit Milch gefüllt. Die Frösche schwammen nun in der Milch um ihr Leben und, egal wie sehr sie sich anstrengten, sie konnten nicht mehr aus dem Eimer herausspringen. Die Wände waren zu glatt und der Rand des Eimers zu weit entfernt. Sie blickten dem Tod ins Auge.

Der eine verzweifelte und jammerte: »Wir müssen sterben, hier kommen wir nie wieder raus!« Er resignierte und hörte mit dem Schwimmen auf, da alles keinen Sinn mehr ergab. Dieser Frosch ertrank in der Milch. Der andere Frosch aber sagte sich: »Die Sache sieht nicht gut für mich aus. Aber ich gebe noch lange nicht auf. Ich bin ein guter Schwimmer, ich schwimme, so lange ich kann« Und so stieß der Frosch kräftig mit seinen Hinterbeinen und schwamm immer weiter im Eimer herum. Er schwamm und schwamm und schwamm. Und wenn er müde wurde, munterte er sich selbst immer wieder auf. Seine Tapferkeit und Ausdauer waren bewundernswert.

Irgendwann spürte er unter seinen Füßen plötzlich eine feste Masse. Und tatsächlich – da war keine Milch mehr unter ihm, sondern eine feste Masse. Durch das Treten hatte er die Milch zu Butter aufgeschlagen. Nun konnte er aus dem Eimer in die Freiheit springen und war gerettet.

UND DIE MORAL VON DER GESCHICHTE?

Besser, du bleibst in Stresssituationen ruhig und gelassen, anstatt zu verzweifeln und aufzugeben. Wer aufgibt, hat schon verloren. Es besteht immer Hoffnung auf eine entspannte Lösung, auch wenn du sie nicht immer gleich im ersten Moment entdeckst..

‼ In Kürze:

- Die World Health Organisation WHO bezeichnet Stress als »die Volkskrankheit des 21. Jahrhunderts.« Das ist kein Wunder, denn viele Studien bestätigen unseren persönlichen Eindruck, dass Stress für die meisten Menschen ein Teil ihres Alltags geworden ist. Da wir ihm andauernd ausgesetzt sind, fühlen wir uns oft schrecklich – bei manchen geht das schneller, bei anderen dauert es länger. Das Ergebnis ist aber stets dasselbe: Wer sich ständig überfordert und stresst, wird psychisch und körperlich krank. Das kann sogar so weit gehen, dass wir unter Burnout oder anhaltenden Depressionen oder sogar Krebs leiden.

- Leider neigen immer noch viel zu viele dazu, Stress zu unterschätzen. Auch unsere Gesellschaft erkennt nicht an, dass wir, anstatt immer nur schneller, höher und weiter zu fliegen, vor allem Pausen machen müssen, um gesund und leistungsfähig zu bleiben. Nicht aller Stress lässt sich sofort abstellen, jeder kann aber in Alltagssituationen mit Hilfe von einfachen kleinen Tricks, entspannter agieren und reagieren. Damit wir nicht nur Symptome behandeln, sondern rechtzeitig unseren Akku wieder aufladen, müssen wir auf uns und unsere Mitbürger achten. Wir müssen uns außerdem immer wieder bewusst machen, dass Gestresste nicht unersetzbar sind, sondern schnell ersetzt werden, wenn sie selbst nichts gegen ihren Stress unternehmen.

TEIL ZWEI

»DAS ENTSPANNT MICH«

3. DAS PROBLEM AN DER WURZEL GEPACKT

Wenn wir über Stressabbau sprechen, müssen wir uns zuallererst noch einmal genau ansehen, wie Stress entsteht. Wir müssen zwei Aspekte mitdenken: Woher kommt er und welche Auswirkungen hat er auf uns? Nur wenn wir beides kennen, können wir ihn wirklich bekämpfen. Doktern wir nur an den Symptomen herum, werden wir nie nachhaltige Erfolge erzielen. Das wäre so, als würden wir Zahnschmerzen nur eigenständig mit Schmerztabletten entgegentreten. Die helfen in den meisten Fällen zwar – aber nur kurzfristig. Denn durch die Pillen werden lediglich die Symptome gelindert, weil wir den Schmerz künstlich unterdrücken. Das eigentliche Problem – die Ursache der Zahnschmerzen – bleibt ungelöst. Das mag einmal gut gehen, vielleicht auch zweimal oder dreimal. Irgendwann reicht es aber nicht mehr, den Schmerz zu überlagern. Und nein, Mojito und Gin-Tonic sind auch keine Lösung. Wir müssen wohl oder übel zum Zahnarzt.

Weil wir uns zu spät aufraffen, stellt der Arzt bei der Untersuchung eine fortschreitende Wurzelentzündung fest, die bereits auf den Kiefer übergreift. Jetzt ist der Schock groß und auch der Aufwand, der betrieben werden muss, um die Schmerzen zu beseitigen. Wären wir sofort bei den ersten Schmerzen in die Praxis marschiert, hätte der Zahnarzt die Ursache wahrscheinlich noch frühzeitig entdeckt und Schlimmeres vermeiden können. Der Zahn wäre ziemlich sicher gerettet worden. Aber wer zu spät kommt, … Du kennst das.

Nur Ursachenforschung hilft nachhaltig

Es geht also ganz klar darum, so schnell wie möglich an die Ursachen zu gelangen, damit sich Angst und Stress nicht nachhaltig manifestieren, anstatt sich aufzulösen. Denn das, was für Zähne gilt, betrifft ebenfalls unseren gesamten Körper, Geist und unsere Seele. Wir können das »System« übertragen. Nur, wenn wir Ursachen bekämpfen, wirkt die »Behandlung« nachhaltig. Nur, wenn wir also bei Zivilisationskrankheiten wie Stress, Depression und Burnout an die Wurzel gehen, können wir sie wirksam loswerden.

Wusstest du, dass wir zurzeit einen massiven Anstieg psychischer Erkrankungen erleben? Du stimmst uns sicher zu, dass das wahnsinnig besorgniserregend ist. Aber woran liegt es? Entweder nehmen wir Menschen den Stress zu lange auf die leichte Schulter, ignorieren ihn oder behandeln nur die Symptome. Deshalb möchten wir dir zeigen, wie du die Ursachen von Stress erkunden sowie effektiv und nachhaltig besiegen kannst.

Wenn du jetzt denkst, das sei super schwierig, können wir dich beruhigen. Das ist es nicht wirklich. Du musst dir das so vorstellen: Wie wäre es, wenn du einen Kolbenschaden reparieren müsstest? Als Automechaniker fällt dir dieser Job nicht dramatisch schwer. Weil du das Funktionsprinzip eines Motors kennst und verstanden hast, kannst du den Schaden beheben – wahrscheinlich sogar bei den meisten Fahrzeugmodellen. Als Automechaniker wärst du in diesem Fall Experte. Genau so funktioniert das mit den Ursachen von Stress. Wenn du die kennst und weißt, wie dein Gehirn funktioniert und was genau

Stress auslöst, kannst du effektiv dagegen vorgehen. Dann bist du selbst der Stresslöser.

ÄNGSTE, PHOBIEN UND ANDERE »KRANKHEITEN«

 Wir hatten ja bereits in Kapitel zwei geklärt, dass Stress eine körperliche Reaktion auf Angst ist und bei uns den »Fight-or-Flight-Reflex« auslöst. Diese Ängste sind aber so vielseitig, dass wir, um an die Wurzel zu gelangen, etwas tiefer in das Thema eintauchen müssen.

Wir kämpfen wirklich gegen eine Menge Ängste. Nur mal ein paar Beispiele:

- Angst vor Armut

- Angst davor, nicht gemocht zu werden oder nicht gut anzukommen

- Angst vor Krankheit und Tod

- Angst vor bestimmten Objekten oder Lebewesen

- Angst vor anderen Menschen oder Bevölkerungsgruppen

- Angst vor Umweltkatastrophen

- und viele weitere

Wirklich spannend finden wir, dass sich die Ängste, die uns Menschen umtreiben von Jahr zu Jahr verändern. Die R+V-Versicherung führt seit 2006 jedes Jahr eine Umfrage durch, um herauszufinden, welche Ängste uns Deutsche so umtreiben. *https://www.ruv.de/newsroom/themenspezial-die-aengste-der-deutschen/langzeit-vergleich* Betrachten wir den Langzeitvergleich, nimmt bei den größten Ängsten immer die »Angst ums Geld« eine Führungsrolle ein. Mal geht's um die schlechte Wirtschaftslage, mal führen ansteigende Lebenshaltungskosten die Liste an. Außerdem jagte Donald Trump uns mit zahlreichen Tweets regelmäßig einen Schauder den Rücken hinab und auch Geflüchtete erschrecken uns massiv. Wir finden es krass, dass die Angst vor Steuererhöhungen und Leistungskürzungen durch Corona (53 Prozent) noch vor der Angst vor Schadstoffen in Nahrungsmitteln (43 Prozent) und im Alter ein Pflegefall zu werden (ebenfalls 43 Prozent) liegen. Hierbei handelt es sich um Umfragewerte aus 2021.

Während es für einige dieser Ängste natürlich gute Gründe gibt, sind andere völlig irreal. Für unseren Stresspegel ist es aber völlig egal, ob sie realistisch sind oder nicht. Das Ergebnis bleibt gleich: Ängste lösen Stress aus. Zum Glück können wir aber etwas dagegen unternehmen.

Ü B R I G E N S : *Auch hinter dem Gefühl »Ekel«*
steckt Angst. Denn Ekel dient dem Körper als Schutzfunkti-
on. Wenn du dich zum Beispiel bei verschimmelten Lebens-
mitteln innerlich schüttelst, sagt dir dein großartiger Körper
damit: »Vorsicht, du könntest dich vergiften.« *Im weiten*
Sinne nimmt er den Schimmel als lebensbedrohlich wahr.
Diese Bedrohung erzeugt Angst. Müsstest du verschimmelte
Lebensmittel essen, würde das bei dir Stress erzeugen, weil
dein Unterbewusstsein – und in diesem Fall wohl auch dein
Bewusstsein – Angst vor Vergiftung hätte.

EINE GESCHICHTE!

Christo und die Arkanophobie

Vor einigen Jahren hatte Christo eine Klientin, die ihm deutlich vor Augen geführt hat, wie irreal Ängste sein können, und wie viel Stress das für Betroffene trotzdem auslöst. Die besagte Dame kam in sein Büro und sagte: »Ich brauche Ihre Hilfe – ich leide an Arkanophobie«. In diesem Moment hätte er fast laut losgelacht – obwohl diese Phobie für die Dame keinen Spaß bedeutete. Die gute Frau wusste scheinbar nicht, womit Christo auf der Bühne sein Geld verdient. Zur Erklärung: Unter Arkanophobie versteht man die pathologische Angst vor Magie, Zauberei und Geheimnissen. Wie bei Phobikern üblich, gibt es ein Vermeidungsverhalten. Arkanophobiker gehen allem aus dem Weg, was geheimnisvoll anmutet oder in irgendeiner Form mit Zauberei in Verbindung gebracht werden kann. Die Dame hätte im Grunde einen großen Bogen um Christo machen müssen, wenn sie gewusst hätte, dass er zusammen mit einem Magier auf der Bühne steht.

Wir haben dir diese Geschichte nicht erzählt, weil sie aus Sicht eines Unbeteiligten witzig ist. Sie zeigt einmal mehr deutlich, dass es sich bei Angst und Stress nicht um objektive Realitäten handelt, sondern dass es auf die Perspektive ankommt, aus der wir auf ein Thema blicken. Was für Christos Klientin eine reale Angst darstellte, war für ihn völlig irreal. Sie hatte sich, aus welchem Grund auch immer, eine Phobie antrainiert, für die es viele Auslöser geben könnte.

Und die Moral von der Geschichte?

Stecken wir in der Angstfalle, können wir kaum zwischen real und irreal unterscheiden. Und das stellt ein großes Problem für Betroffene dar. Gut ist, wenn wir das erkennen. Und jeder, der sich in einer solchen Situation Hilfe sucht, beschreitet den Weg des Abtrainierens oder Verlernens.

Unser Körper und sein Stress

Da Stress in unserer Gesellschaft so präsent ist, wird er bereits seit Jahren auf unterschiedlichen Gebieten erforscht. Zu unseren Favoriten zählt eine Studie der Aalto-Universität in Finnland, die bereits 2013 durchgeführt wurde. Dass Emotionen körperliche Reaktionen hervorrufen, ist schon lange bekannt. In dieser Studie ging es darum, wie diese Emotionen im Körper erlebt werden. Zum Beispiel wird Angst häufig als stechender Schmerz in der Brust interpretiert. Aber auch positive Emotionen lösen Empfindungen im Körper aus. Liebe wird häufig im ganzen Körper angenehm wahrgenommen. Die besagte Studie zeigt deutlich, dass wir Emotionen im ganzen Körper spüren und verarbeiten. Dafür haben die Forscher mithilfe von Thermografien, unsere Emotionen im Körper sichtbar gemacht. Das ist wirklich spannend. Folge unbedingt dem QR-Code.

https://www.pnas.org/doi/10.1073/pnas.1321664111

Darunter findest du viele interessante Informationen zur Studie, die den Rahmen hier sprengen würden. Vor allem gibt es dort aber auch farbige Bilder davon, wie verschiedene Emotionen in unserem Körper aussehen.

Wirklich erstaunlich finden wir, dass die Farbmuster einheitlich in verschiedenen westeuropäischen und ostasiatischen Kulturen wahrgenommen werden. Sie scheinen also menschlich zu sein und nicht unbedingt abhängig vom Umfeld und der Erziehung. Erinnere dich noch mal an den »Fight-or-Flight-Reflex«. Der ist steinzeitlich. Und somit stammt eben auch Stress bereits aus der Steinzeit. Diese Ergebnisse der Studie helfen bis heute, emotionale Störungen zu verstehen und liefern Werkzeuge für eine bessere Diagnose und Therapie.

Christo und die Arachnophobie

Wir würden dir gerne noch ein weiteres Fallbeispiel aus Christos Praxis erzählen. Ein 17-jähriges Mädchen betrat die Praxis und hatte panische Angst vor Spinnen. Alleine der Gedanke an eine kleine Spinne löste einen Schweißausbruch und Übelkeit bei ihr aus. Die Angst auf einer Skala von null bis zehn (schreckliche Angst) bezifferte Sie mit neun. Christo hatte hier also eine Stresssituation wie aus dem Lehrbuch. Mehr als neun ist ja fast nicht mehr möglich.

Auch wenn du wahrscheinlich keine Probleme mit Spinnen hast, war dieses Mädchen ihrem Stress hilflos ausgeliefert. Jede Begegnung, sogar nur jeder Gedanke an eine Spinne, versetzte sie in Panik. Und weil sie Spinnen schrecklich fand, war sie so fixiert auf Spinnen, dass ihr natürlich auch jede noch so kleine in irgendeiner Ecke auffiel. Und sie vermutete jederzeit und überall ein achtbeiniges Krabbeltier. Das bedeutete für sie, massive Einschnitte in ihrem Leben hinzunehmen. In ihrem

Zimmer blieben die Fenster immer alle geschlossen, sie konnte nie einfach nur entspannt auf einer Wiese liegen und vor sich hinträumen. Selbst so simple Tätigkeiten wie ein Gang in den Keller, um sich etwas zu trinken zu holen, oder mit Freunden auf einer Bank im Biergarten zu sitzen, waren ihr völlig unmöglich. Ihre Spinnenangst hat ihr bei allem einen Strich durch die Rechnung gemacht.

Führ dir diese Situation bitte einmal vor Augen und lass sie uns auf die Spitze treiben:

Wir haben hier einen Zweikampf. In der einen Ecke im Ring steht ein junges Mädchen, das 55 Kilogramm wiegt und 1,72 Meter groß ist. Sie trägt ein Handicap mit sich herum: ihre Angst.

Ihre Herausforderin nennt sich »Spinne«. Sie wiegt ungefähr drei Gramm, ihr Körper ist rund zwei Millimeter lang und sie verfügt über einen Gesamtdurchmesser von rund zwei Zentimetern. Da sind die Beine schon mit eingerechnet. Sie verfügt aber über eine Geheimwaffe: ihr Aussehen.

Das Skurrile daran: Egal, wie oft dieser Zweikampf ausgetragen wird, die Spinne gewinnt in dieser Konstellation immer. Eine Spinnenphobie kann man natürlich behandeln. Doch solange das Mädchen nicht therapiert wird, steht sie bei jeder Begegnung mit der Spinne unter Stress. Damit hat das Krabbeltier stets Oberwasser.

Warum wir das skurril finden? Na ja, wenn du nicht gerade selbst Spinnenphobiker bist, dann ist dir sicher klar, dass die

Chancen dafür, dass das Mädchen gewinnt, im Grunde bei 100 Prozent liegen müssten. In unseren Breiten sind Spinnen nicht giftig, sie beißen nicht, sie fressen keine Menschen – sie krabbeln nur oder seilen sich an einem dünnen, selbst produzierten Faden ab. Auf der Jagd sind sie lediglich nach Fliegen und sonstigen Insekten. Aber selbst die müssen zu ihnen ins Netz kommen, damit die Spinnen sie überhaupt erwischen können.

UND DIE MORAL VON DER GESCHICHTE?

Die Auslöser, die uns in Stress bringen, können klitzeklein und, realistisch betrachtet, ungefährlich sein. Ihre Ursache und Ausprägung sind aber völlig individuell. Andere können nichts dafür und können vor allem auch nichts dagegen tun. Du selbst musst aktiv werden, wenn du deine Stressoren bekämpfen willst, und deinen Ängsten und Phobien auf den Grund gehen. Aus diesem konkreten Fallbeispiel können wir vier wichtige Erkenntnisse ziehen:

1. Die Angst vor Spinnen ist, wie die meisten Ängste, völlig unlogisch, aber trotzdem vorhanden.

2. Ängste verursachen so viel Stress, dass sie unser Leben und unsere Fähigkeiten stark einschränken.

3. Ängste lenken uns von dem ab, was wir tun wollen, und verhindern, dass wir unsere Ziele erreichen.

4. Egal, wie fit wir im Kopf sind, wenn unsere Ängste nur groß genug sind, unterliegen wir, selbst wenn wir unseren Verstand einsetzen.

Die Frage, die dich jetzt wahrscheinlich umtreibt: Wie konnte Christo dem Mädchen helfen? Ganz einfach: Im Grunde fehlte ihr nur eine Lernerfahrung, also ein positives Gefühl im Zusammenhang mit einer Spinne. Sie hatte in ihrer emotionalen Welt bisher gelernt: Eine Spinne kommt auf mich zu und ich kriege Angst. Was sie nicht kannte: Eine Spinne kommt auf mich zu und ist ein großartiges Tier, das dafür sorgt, dass die Stechmücken in meinem Schlafzimmer verschwinden, die mich sonst durch ihr Surren vom Schlafen abgehalten haben. Oder noch viel einfacher: Die Spinne bemerkt mich, macht auf dem Absatz kehrt, läuft vor mir weg und meine Angst verschwindet.

Bisher ist das Auftauchen der Spinne nur mit dem negativen Gefühl der Angst verbunden. Wenn das Mädchen es aber schafft, zu spüren, wie die Angst verschwindet, wenn die Spinne wegläuft, hat ihr Unterbewusstsein eine Wahl:

OPTION 1: Ich entscheide mich, Angst zu haben, denn dieses große, gefährliche Monster kommt auf mich zu.

OPTION 2: Ich entscheide mich, dass dieses kleine, nützliche Spinnlein Angst vor mir hat und vor mir wegläuft. Meine Angst ist weg. Jetzt kann das Mädchen all das tun, was ihm bisher vor lauter Spinnenangst nicht möglich war. Sieg auf ganzer Linie.

EIN BISSCHEN ÜBUNG

Uns ist schon klar, dass wir die Geschichte hier etwas runtergebrochen haben. Mal eben so ist so eine Spinnenphobie natürlich nicht geheilt. Aber der wichtige Punkt hier ist, dass Situationen, die uns stressen, oft im Unterbewusstsein als negativ verankert sind. Das kann eine reine Antipathie sein, ein generelles Unwohlsein, ein Ekel und vieles mehr. Oftmals – und das solltest du dir wirklich merken – haben diese Emotionen nichts mit unserem Gegenüber zu tun, sondern ausschließlich mit uns selbst und dem, was wir in unserem Unterbewusstsein abgespeichert haben. Wir reagieren also häufig unwillkürlich. Auf unser Bewusstsein und das Unterbewusstsein werden wir in den folgenden Kapiteln noch detaillierter eingehen. Wir haben aber an dieser Stelle schon zwei kleinen Übungen für dich, mit denen du dich aus negativen Situationen oder sogar allgemeinem Weltschmerz recht einfach in eine deutlich positivere Stimmung versetzt, indem du dein Unterbewusstsein positiv programmierst.

1. Der schöne Augenblick

 Generell gilt: Wenn du mehr im Augenblick lebst und weniger über Negatives in der Vergangenheit nachdenkst, stimmt dich das bereits positiver ein. Trotzdem kann natürlich keiner gänzlich ausschließen oder verhindern, dass er vom Leben so manchen Knüppel zwischen die Beine geworfen bekommt. Und trotzdem birgt (fast) jede Situation auch etwas Positives. Du musst es nur entdecken.

Die meisten wurden bestimmt schon mit dem Tod konfrontiert – ein geliebter Mensch oder ein Haustier geht. Klar, dass du darauf nicht mit Jubel und Freudentänzen reagierst. Und trotzdem hat auch der Tod oft eine positive Komponente. Das könnte zum Beispiel sein, dass der Mensch, der geht, nicht mehr leiden muss. Klar, dass der Schmerz über den Verlust bei den Hinterbliebenen zurückbleibt. Vielleicht hat der Verstorbene aber ein wunderbares Leben gehabt, dass es zu feiern gilt. In anderen Kulturkreisen wird der Tod oder zumindest die Beerdigung gefeiert. Du kennst sicherlich aus Filmen die Farewell Umzüge oder Funeral Partys in New Orleans. Ein schöner Ansatz, wie wir finden.

Es geht aber auch viel banaler. Wenn du dich bei der Arbeit gestresst fühlst, dir die Aufgaben und To-do-Listen über den Kopf wachsen, dann fokussiere dich nicht darauf, sondern lenke deine Aufmerksamkeit auf etwas Schönes. Schau dir beispielsweise einen Kollegen an, mit dem du neulich eine Spitzenparty gefeiert hast. Das zaubert dir bestimmt ein Lächeln ins Gesicht. Oder wenn du dich im Büro erdrückt fühlst, geh kurz an die frische Luft und lass dir die Sonne ins Gesicht scheinen. Es kann ja nur besser werden. Manchmal reicht es auch schon, wenn du dir einen Moment Zeit nimmst und an einen Menschen denkst, der besonders gelassen oder positiv drauf ist. Dann versuch so zu sein, wie derjenige oder diejenige und sag dir: Wenn der oder die das schafft, dann kann ich das mindestens genauso gut hinbekommen.

2. Das Dankbarkeits-Journal

 Ben hat für sich selbst eine schöne Routine entwickelt, um das Positive in seinem Leben stärker hervorzuheben. Innerhalb eines Monats hat eine ganz simple Aufgabe sein Leben ziemlich umgekrempelt. Jeden Abend vor dem Einschlafen schreibt er sich drei Dinge in ein Notizbuch, für die er an diesem Tag dankbar ist. Das können für uns so normale Dinge sein wie fließendes Wasser, gute Gesundheit, ein tolles Gespräch mit der Nachbarin oder oder oder. Und das Beste: Die positive Wirksamkeit ist wissenschaftlich belegt. Wenn das kein guter Grund ist, mit so einem Dankbarkeits-Journal anzufangen, dann wissen wir es auch nicht.

3. Das Problem wegschreiben

 Eine bisher oft unterschätzte Form der Verarbeitung ist das Niederschreiben seiner Ängste und Probleme.

Dafür gibt es ebenfalls wissenschaftliche Belege. *https://www.spektrum.de/news/positive-psychologie-sei-dankbar/1774092*

Wenn du also etwas erlebst oder erlebt hast, das dir Angst machte, für Stress sorgte oder dir einfach nur lästig ist, bring es zu Papier. Indem du ein Problem zu Papier bringst, gewinnst du Abstand und kannst damit leichter die Kontrolle übernehmen. Das liegt zum einen daran, dass du die Emotionen durchaus noch mal durchlebst – kurzfristig kann das ganz schön anstrengend werden. Langfristig aber, lässt sich dadurch eine neue Perspektive mit mehr Distanz einnehmen. Wenn das beim ersten Aufschreiben noch nicht gelingt, dann gerne noch ein zweites, drittes und viertes Mal alles aufs Papier bannen. Mit jeder Wiederholung wird die Entfernung zum Problem größer und die Beschäftigung mit dem emotionalen Thema weniger schmerzhaft. Also schreib alles auf, was du gerne loshaben willst.

‼ In Kürze:

- Hinter jedem Stress steckt eine Angst, die es zu ergründen gilt, um ihn loszuwerden. Das wird immer wichtiger, denn wir können nicht um den heißen Brei herumreden. Ängste, Stress und daraus resultierende Krankheiten nehmen enorm zu. Und das ist gefährlich, weil sie sich unter anderem zu Depressionen und Burnout ausweiten können. Um Stress dauerhaft zu beseitigen, reicht es leider nicht, nur Symptome zu behandeln – wir müssen den Ursachen auf den Grund gehen und sie auflösen.

- Dazu müssen wir wissen, wie Menschen ticken und dass wir uns durch Stress auf unsere Ängste fokussieren. Wir nehmen also die potenzielle »Gefahr« wahr und versperren uns so den Blick auf die Lösung. Kritisch wird es besonders dann, wenn sich Ängste im Unterbewusstsein manifestieren und damit automatische Abwehrreaktionen genieren, die uns stressen. Um sie zu lösen, müssen wir sie mit neuen und positiven Botschaften verknüpfen. Denn viele Ängste erzeugen zwar Stress, sind aber, objektiv betrachtet, völlig irreal. Oft verhält es sich so, wenn wir jemanden »unsympathisch« finden, Antipathien entwickeln, uns unwohl fühlen und vieles mehr. All das versetzt uns in Stress und verhindert somit eine Weiterentwicklung und im Endeffekt Erfolg. Unser Fokus liegt auf Stress und Angst, anstatt auf unseren Plänen und Zielen.

4. Zwei Grundstrategien des Unterbewusstseins

Wir haben dir ja im letzten Kapitel gezeigt, dass wir ein wenig tiefer in unser Unterbewusstsein eintauchen müssen, um an die Ursache unseres Stresses zu gelangen und ihn somit an der Wurzel zu packen und rauszureißen. Ein schönes Bild, nicht wahr? Das mag zwar banal klingen, aber solche Bilder können dabei helfen, an den Kern unseres Stresses vorzudringen.

Bewusstsein und Unterbewusstsein, was ist das eigentlich?

Bevor wir über die Strategien unseres Unterbewusstseins sprechen, klären wir aber erst mal die Begrifflichkeiten. Achtung, es könnte jetzt ein bisschen medizinisch werden. Aber es bleibt spannend – versprochen.

Unser Gehirn ist inzwischen ein paar Millionen Jahre alt. Das 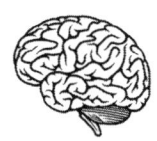 ist ganz schön antik, wenn wir bedenken, was inzwischen auf der Welt so alles passiert ist und wie schnell das geht. Da kommen die Maschinen ja kaum mit. Du kannst dir vorstellen, dass unser Gehirn erst recht das ein oder andere Mal so reagiert, wie ein Flipper, den man zu sehr geschüttelt hat. Tilt! Kein Wunder, dass wir Stress haben.

Aber wir wollten es ja etwas medizinischer: Der älteste Teil unseres Gehirns ist der Hirnstamm. Er verarbeitet eingehende

Sinneseindrücke und übermittelt die ausgehenden Informationen an unsere Motorik. Man könnte sagen, er ist die Steuerzentrale für alle elementaren und reflexartigen Handlungen. Er lenkt so wichtige Funktionen wie die Herzfrequenz und den Blutdruck und sorgt dafür, dass wir atmen, die Augen öffnen und schließen, schlucken und husten. Außerdem kümmert er sich darum, dass wir schlafen. Du siehst, das Teil hat ,nen ziemlich aufwendigen und Abteilungsübergreifenden Job zu erledigen. Was uns das Leben aber so leicht macht: All diese Jobs laufen unterbewusst ab. Wir müssen uns da gar nicht weiter drum kümmern. Deshalb kosten uns diese unterbewussten Tätigkeiten auch nicht so viel Energie.

Seit Beginn der Hirnzeitrechnung haben wir uns weiterentwickelt. Und mit uns auch das Gehirn. Mit jeder evolutionären Entwicklungsstufe hat es neue Bestandteile und damit neue Fähigkeiten hinzubekommen, zum Glück auch unser Bewusstsein. Das unterscheidet den Menschen nämlich bis heute von den Tieren. Im Gegensatz zu denen können wir deshalb logisch denken.

ÜBRIGENS : *Wissenschaftlich gesehen ist das nicht ganz korrekt. Es ist tatsächlich nachgewiesen, dass auch Menschenaffen und Graupapageien zu logischem Denken fähig sind.* https://www.sueddeutsche.de/wissen/denkleistungen-bei-tieren-papageien-beherrschen-logik-wie-menschenaffen-1.1435515

Wir geben es zu – bei manchen ist diese Fähigkeit etwas stärker ausgeprägt als bei anderen. Aber das nur am Rande. Zurück zu unserem Bewusstsein. Die Wissenschaft ist sich bis heute nicht einig darüber, wie genau es entsteht. Sicher ist, die Großhirnrinde, eine faltige und nur zwei bis fünf Millimeter dünne Schicht, die unser Gehirn umschließt, ist maßgeblich beteiligt. Dieses Bewusstsein braucht jede Menge Energie, um am Laufen zu bleiben. Nicht ohne Grund frisst das Gehirn täglich um die 500 Kilokalorien, um zu funktionieren. Eine große Portion Pommes mit Ketchup und Mayo gehen also alleine auf unser Gehirn – oder fast eine ganze Tafel Schokolade. Den größten Teil davon braucht unser Bewusstsein. Denn das ist ständig neuen Reizen und Erfahrungen ausgesetzt. Damit wir aber trotzdem funktionieren können, verschiebt das Bewusstsein Vorgänge, mit denen wir schon Erfahrungen gemacht haben, in unser Unterbewusstsein. Von dort aus werden diese Tätigkeiten automatisiert gesteuert. Wir hatten ja schon erwähnt, dass so ganz »Banales«, wie zum Beispiel das Atmen, über das Unterbewusstsein läuft. Aber auch klassische Alltagsvorgänge wie Autofahren oder bei Grün über die Ampel gehen und vieles mehr werden von dort aus koordiniert, sobald wir sie gelernt haben. Unser Unterbewusstsein regelt also die Intelligenz, die auf Erfahrung aufbaut.

Und trotzdem handeln wir ja auch mal unlogisch – denk zum
Beispiel an die Spinnenphobie von Christos Patientin zurück:
Spinne = sehr klein und geringe Chancen im Kampf gegen
Frau = groß und sehr leicht in der Lage die Spinne zu töten.
Und trotzdem hat vor der Behandlung ihrer Spinnenphobie
immer die Spinne den Kampf gewonnen. Du verstehst, worauf
wir rauswollen? Diese Art des unlogischen Handelns entsteht
durch einen Konflikt zwischen Unterbewusstsein und Bewusstsein. Die sind sich nämlich ziemlich häufig gar nicht einig. Unser Bewusstsein bildet seine eigene Ansicht über Logik ab –
die basiert aber nicht auf gelernter automatisierter Erfahrung,
sondern auf dem, was wir von außen so mitkriegen. Lesen wir
beispielsweise in einem Anti-Stress-Ratgeber, dass wir den Augenblick genießen und uns dazu in die Sonne legen sollen, sagt
unser Bewusstsein: Logisch, das mache ich jetzt. Unser Unterbewusstsein hat aber abgespeichert: Sonne heißt, dass du einen
Sonnenbrand kriegst. Es will also nicht, dass du dich auf einem Liegestuhl entspannst. Eine blöde Situation. Klar, dass so
»Streit aufkommt« zwischen Bewusstsein und Unterbewusstsein – innere Konflikte entstehen. Jetzt kannst du dich natürlich trotzdem ganz bewusst in die Sonne legen, wahrscheinlich
bleibt aber ein leicht unwohles Gefühl zurück, das dich immer wieder daran erinnert: Achtung, Achtung – die Sonne verbrennt deine Haut! So richtig genießen ist da meist nicht mehr
drin. Doofes Unterbewusstsein!

Die gute Nachricht dabei: Wir können unser Unterbewusstsein auch mal austricksen. Mit unserem Bewusstsein erstellen wir Prognosen, planen Zukünftiges und gewinnen neue Erkenntnisse aus unterschiedlichen Erfahrungen. Und genau das unterscheidet uns von den meisten Tieren. Das macht uns zum erfolgreichsten Lebewesen, zumindest auf der Erde. Für andere Planeten wollen wir keine Garantie übernehmen.

Um unser Unbewusstsein austricksen zu können, müssen wir noch ein weniger tiefer in die Materie eintauchen. Wir hatten ja erwähnt, dass es sich nicht so gerne anstrengt. Es fährt lieber auf Sparflamme. Kein Wunder, dass es nur genau zwei Strategien kennt: »hin zu« etwas oder »weg von« etwas. Ob wir uns zu etwas hin oder von etwas wegbewegen, hängt also von der Intelligenz ab, die wir aus unseren Erfahrungen entwickelt haben. Diese Erfahrungen sammeln wir jeden Tag unseres Lebens. Der Prozess beginnt mit dem Tag unserer Geburt und endet mit dem Tod. Während all der Zeit dazwischen, speichert unser Gehirn Gefühle und Ereignisse – nichts anderes. Das klingt erst einmal nach einem langweiligen Job. In Wahrheit gibt es kaum eine spannendere Aufgabe. Ein simples Beispiel:

Ein kleines Kind hört von seiner Mutter »Fass nicht auf die heiße Herdplatte. Das tut weh!« Mit der reinen Information kann das Kind aber nichts anfangen. Es fasst die Herdplatte trotzdem an und verbrennt sich.

Sein Unterbewusstsein speichert in diesem Moment ab: »Heiß, Schmerz, Herdplatte.« Und es verknüpft sie miteinander. In der Neuropsychologie bezeichnen wir diesen Prozess als die Entstehung von Synapsen – Nervenzellen werden miteinander verknüpft und so entstehen Nervenbahnen. Wenn das Kind nun einige Monate später vor einem Kamin sitzt, geschieht etwas Faszinierendes: Es spürt die Wärme und bemerkt, dass die Temperatur ansteigt, je näher es an die Flammen heranrückt. Sein Unterbewusstsein sucht nun automatisch nach Referenzerlebnissen. Es scannt seinen Speicher nach »heiß«, stößt auf das Herdplattenereignis und signalisiert: »Hey, mit Hitze haben wir beide ziemlich schlechte Erfahrungen gemacht. Rück lieber mal ein Stück weg von der Hitzequelle.«

Dieser Prozess wiederholt sich jeden Tag hunderte Male. So bilden sich unser Bewusstsein, unser Verstand und unser logisches Denken. Je älter wir werden und je mehr Erfahrungen wir bereits gesammelt haben, desto weniger brauchen wir das. Wir werden also zwar älter, aber eben auch weiser. Wenn das mal keine guten Nachrichten sind. Alle Erfahrungen, die wir machen, werden gesavt und egal, welche Erfahrung abgespeichert wird, sie hat immer nur eine der beiden Strategien zur Folge.

DIE WEG-VON-STRATEGIE:

Wenn wir uns die Finger verbrennen, den Kopf an einem Tür-
rahmen stoßen, mit dem Fuß gegen einen Gegenstand laufen,
uns beim Skifahren das Knie verdrehen oder eins der zahlreichen anderen schmerzhaften Erlebnisse durchmachen: Unser Gehirn saugt sie alle auf und sammelt sie, damit wir beim
nächsten Mal wissen, was wir besser lassen sollten. Es etabliert
das Gefühl »Angst« oder »negative Emotion«. Das hat dann
eine klassische »Weg-von-Strategie« zur Folge. Die ist äußerst
wichtig, da wir dadurch zukünftig Schmerzen und Schlimmeres vermeiden.

DIE HIN-ZU-STRATEGIE:

Die Hin-zu-Emotion bedeutet so viel wie »ich will mehr davon« oder »das motiviert mich«. Der Klassiker: Wenn wir uns
verlieben und eine schöne Zeit mit einem Menschen verbringen, dann wollen wir in der Regel mehr davon und ihn ständig
sehen. Das Unterbewusstsein sagt: »Das finde ich toll, lass uns
das öfter machen.« Oder wir essen ein Eis und genießen das
sehr. Klar, dass unser Unterbewusstsein sagt: »Hin zum nächsten Eisladen und schaufle dir am besten gleich eine fette Portion des Zeugs rein. Das ist so lecker und macht dich glücklich.«

Die Strategien in Konflikt

Jetzt stell dir mal vor, dein Unterbewusstsein schickt dich permanent zum Eisladen. Eigentlich toll. Ständige Wonne, ständiger Genuss. Hach, das wäre so schön. Wenn ... ja, wenn da nicht die blöde Sache mit dem Hosenbund wäre. Wenn wir wollen, dass uns unsere Hosen noch 'ne Weile passen, dann haben die meisten von uns ein Problem. Blöd, wenn wir beim nächsten Blick in den Spiegel bemerken, dass die Hose nicht mehr wirklich gut sitzt. Einige Tage später kriegen wir den Knopf schon nicht mehr zu. Was nun? Klar, wir könnten uns einfach regelmäßig neue Hosen kaufen. Wahrscheinlich kommt es aber zu einem Konflikt zwischen den beiden Strategien und zu Verwirrung in unserem Unterbewusstsein. Wir verbinden jetzt das Eisessen nämlich mit einem positiven Erleben. Das Unterbewusstsein will also »hin zu«. Andererseits haben wir gelernt, dass das Eisessen bei uns zu Frust führt, weil uns die Hosen nicht mehr passen. Wir verbinden es also auch mit einem negativen Erleben. Das löst die Weg-von-Strategie aus.

Jetzt verhält es sich so, dass alle »negativen« Emotionen diese Weg-von-Strategie auslösen und damit Stressreaktionen provozieren. In solchen Momenten schränken sich ganz automatisch unsere körperlichen und geistigen Funktionen ein. Und damit wird unser logisches und erfolgreiches Handeln blockiert. Klar, dass unser »faules« Unterbewusstsein lieber den vermeintlich leichteren Weg geht und im Fall des Eisessens in Richtung Hin-zu-Strategie tendiert. Die kostet schließlich deutlich weniger Energie und glücklich macht sie uns, zumindest kurzfristig, auch noch. Das ist einer der Gründe, warum Diäten oft scheitern.

EINE FRAGE DER PERSPEKTIVE UND DER LOGIK

Mit unserer bewussten logischen Intelligenz können wir uns und das, was wir tun, erkennen. Und obwohl unsere Verhaltensmuster von unserer unbewussten Intelligenz gesteuert werden, können wir uns verändern. Es ist also möglich, sich ganz bewusst dafür zu entscheiden, kein Eis mehr zu essen. Ja, das geht. Aber für unser Unterbewusstsein bedeutet das Stress und darauf hat es keinen Bock. Es arbeitet nach dem Prinzip Energiesparen. Bei den Energiepreisen zurzeit ja auch kein Wunder. Es will also gar nicht ständig neue Erfahrungen abspeichern, damit wir uns oder unsere Haltung verändern können. Und deshalb müssen wir es in vielen Fällen überlisten. Und das klappt oft über die Perspektive, mit der wir auf eine Situation schauen.

GANZ BANAL: Glas halbleer oder Glas halbvoll? Halbleer löst eine Weg-von-Reaktion aus, halbvoll eine Hin-zu-Reaktion, weil wir es mit positiven Gefühlen verbinden.

Eine Geschichte!

Christo ohne Hemd und Hose

Es ist noch gar nicht so lange her, da hatten wir einen kleinen Notfall in Berlin. Wir hatten am nächsten Tag drei Shows. Als Christo am Abend zuvor im Hotel ankam, wollte er die Technik checken und stellte fest: Ich habe meinen Koffer vergessen – inkl. Anzug für den Auftritt und das Headset. Erstaunlicherweise lässt sich so eine Headset-Problematik leichter lösen als am nächsten Vormittag noch schnell einen Anzug für die Bühne zu bekommen. Christo hatte nur einen sehr ausgeleierten Pulli dabei und wollte so wirklich nicht auf die Bühne.

Es blieben ihm zwei Möglichkeiten, mit der Situation gedanklich umzugehen.

VARIANTE 1: So ein Mist, das nervt mich total, wo soll ich jetzt noch einen Anzug herkriegen. Das wird doch eh nichts. Das wäre dann die frustbasierte Variante, die ohne Ergebnisorientierung – wenig erfolgsversprechend, aber trotzdem stressig.

VARIANTE 2: Durchatmen und überlegen, was er tun kann, um eine Lösung zu finden. Deutlich erfolgsversprechender, wenn auch nicht immer stressfrei.

Christo entschied sich für Variante 2. Er trägt gerne Anzüge von Peek & Cloppenburg. Die haben eine gute Internetseite und er checkte, ob der Anzug in der nächstgelegenen Filiale verfügbar war. Die Marke war da, das Sakko passend, aber die

Hose nur in drei Nummern zu groß. Trotzdem reservierte er den Anzug online. Am Showtag selbst war der Zeitplan straff. Die erste Show sollte bereits um 12 Uhr starten und dann ging es bis abends fast durchgehend weiter. Natürlich lief auch die Technik nicht so, wie sie sollte. Alle waren tierisch nervös. Die P&C-Filiale öffnete erst um 10:30 Uhr. Es blieb also wirklich nicht viel Zeit, um an die Klamotten zu kommen: Wir um 11:20 Uhr ins Auto gesprungen, im Kaufhaus hatten wir dann mehr Glück als Verstand, passendes Hemd und die Hose sogar noch in der richtigen Größe da und – was sollen wir sagen: Christo stand 11:53 Uhr perfekt gestylt in der Garderobe. Der Einkauf steht bestimmt im nächsten Guinnessbuch der Rekorde. Und wir haben mal wieder festgestellt: Wie gut, dass der Kopf angewachsen ist.

Und die Moral von der Geschichte?

Wenn wir unseren Fokus auf ein halbvolles Glas richten, verändern wir unsere Perspektive zum Besseren. Wir suchen nach Lösungen, anstatt in bestehenden Mustern zu verharren. Das macht uns gelassener, kreativer und damit im Endeffekt erfolgreicher.

!! In Kürze:

- Unser Unterbewusstsein kennt nur zwei Strategien: »hin zu« oder »weg von«. Die »Hin-zu-Strategie« schlägt es ein, wenn positive Emotionen mit einem Bild oder einer Situation verbunden sind. »Weg von« möchte das Unterbewusstsein dann, wenn die verknüpften Gefühle negativ sind. Wer als Kind schon einmal auf eine heiße Herdplatte gefasst hat, der weiß, dass einem das absichtlich nur einmal passiert. Im Unterbewusstsein ist abgespeichert, dass Hitze Schmerzen verursacht, wenn wir der Quelle zu nahekommen.

- Wer schon einmal verliebt war, der kennt auch die »Hin-zu-Strategie« sehr gut. Wir und unser Unterbewusstsein wollen mehr und können nicht genug davon bekommen.

- Schwierig wird es, wenn die beiden Strategien miteinander in Konflikt stehen – also, wenn eine Situation sowohl die »Hin-zu-« als auch die »Weg-von-Strategie« auslöst. Dann entscheidet sich das Unterbewusstsein für den bequemeren Weg und das bedeutet: »hin zu«. Jeder, der schon eine Diät versucht hat, kennt die Momente, in denen klar ist, dass wir mit dem »Hin-zum-ungesunden-aber-leckeren-Essen« die schnelle und kurzfristig auch befriedigende Lösung wählen. Strategisch gesehen, bräuchten wir aber eine »Weg-vom-ungesunden-aber-leckeren-Essen-Strategie«. Und deshalb können wir unser Unterbewusstsein nicht immer gewähren lassen, sondern müssen es hin und wieder auch einmal austricksen.

5. Die Welt der inneren Bilder

»Wir brauchen nicht so fortzuleben, wie wir gestern gelebt haben. Macht euch nur von dieser Anschauung los, und tausend Möglichkeiten laden uns zu neuem Leben ein.«

Christian Morgenstern, deutscher Dichter 1871-1914

Ja, der Christian Morgenstern war ein sehr schlauer Mann. Er sagt uns so wunderschön, dass es unsere eigene Entscheidung ist, etwas zu verändern und wie viele neue Möglichkeiten sich uns dadurch eröffnen. Wir können ja nicht erwarten, dass sich etwas ändert, wenn wir immer dasselbe tun. Kurzum: Fleißige Logik besiegt faules Unterbewusstsein und ermöglicht uns damit, neue Wege zu beschreiten.

Einfacher gesagt als getan

Jetzt könnten wir natürlich unserem Unterbewusstsein einen Tritt verpassen und sagen: Dich brauche ich nun wirklich nicht, wenn du mich immer und immer wieder reinreitest. Ja, es ist richtig, dass wir unser Bewusstsein brauchen, um uns zu verändern. Aber ohne unser Unterbewusstsein wären wir ganz schön aufgeschmissen.

Klar ist: Wenn wir Stress und damit unsere Angst besiegen wollen, müssen wir unser eigenes Verhalten dauerhaft ändern. Das ist aber einfacher gesagt als getan, das wirst du uns sicher bestätigen. Wie oft hast du schon, obwohl du wusstest, dass es keine gute Idee ist, etwas getan und hinterher gedacht: »Ich hätte es einfach lassen sollen. War klar, dass das schiefgeht.« Genau darum geht es, solch unwillkürliche Reaktionen unseres Unterbewusstseins in den Griff zu bekommen.

Am besten klappt das, wenn wir unser Gehirn und seine Funktionen wirklich verstehen. Dann können wir die Bewertung einer Situation oder einer Person ändern, im besten Fall, bevor wir mit einer unerwünschten Verhaltensweise reagieren.

FASZINATION GEHIRN

Wir finden es wirklich wichtig, dass du dich für dein Gehirn so richtig begeistern kannst. Dieses rund 1,5 Kilo leichte Organ ist ein Meisterwerk der Evolution und kann gar nicht genug Aufmerksamkeit bekommen. Überleg dir das mal: 90 Prozent aller Aufgaben, die wir erledigen, checkt das Gehirn im Unbewussten, ohne dass wir es überhaupt merken. Krass, oder? Eine Vielzahl von Sinneseindrücken und Informationen verarbeitet es automatisch in Bruchteilen einer Sekunde. Rasend schnell erstellt es hochkomplexe Verknüpfungen und bewertet Situationen. Unser »Hochleistungscomputer« Unterbewusstsein gibt in Echtzeit vor, wie wir uns fühlen, reagieren und entscheiden. Schon bevor wir etwas bewusst denken oder es überhaupt bemerken. Wissenschaftler haben herausgefunden, dass unser Unterbewusstsein Millisekunden im Voraus reagiert, bevor ein Prozess im Bewusstsein überhaupt ankommt.

Einige Psychologie-Strömungen behaupten, dass wir mit diesem System immer um einige Millisekunden in der Vergangenheit leben, weil unser Bewusstsein ja nicht hinterherkommt.

So weit würden wir nicht gehen. Aber an einem praktischen Beispiel können wir dir zeigen, wie wichtig genau diese Funktionsweise unseres Gehirns ist:

Stell dir vor, du fährst mit deinem Auto 50 km/h schnell. Plötzlich siehst du einen Ball auf die Straße fliegen und ein Kind springt hinterher, um ihn zu fangen. Wir würden um alles Geld der Welt wetten, dass du dein Auto schon abgebremst hast, bevor du über die Situation überhaupt nachdenken konntest. Manche würden sagen: »Wow – gute Reflexe«. Doch so einfach können wir es uns nicht machen. Was ist wirklich passiert? Dein Unterbewusstsein hat eine Gefahrensituation erkannt und den Körper zum Handeln veranlasst. Ganz automatisch, weil es gelernt hat, dass es besser ist, abzubremsen, wenn ein Ball und ein Kind vor dir auftauchen. Hättest du über den Prozess des Bremsens bewusst nachdenken müssen, wäre es für Kind und Ball wahrscheinlich zu spät gewesen.

VORARBEITER UNTERBEWUSSTSEIN

Du siehst also, wir können auf keinen Fall auf unser großartiges Unterbewusstsein verzichten. Denn all unser bewusstes Denken, Empfinden und Handeln basiert auf dessen Vorarbeit. Eine notwendige schnelle Reaktion auf die komplexe Umwelt wäre sonst nicht möglich. Denn unser bewusstes Denken reagiert im Vergleich zum Unterbewusstsein wie unter Schlaftabletten – viel zu langsam. Wahrscheinlich hast du schon einmal vom berühmten Eisbergmodell gehört. Basierend auf der Annahme von Sigmund Freud, dass nur etwa zehn Prozent unseres Handelns auf bewusster Ebene stattfindet – quasi der Teil eines Eisbergs, der oberhalb der Wasseroberfläche sichtbar ist. Die restlichen 90 Prozent werden von unserem Unterbewusstsein gesteuert – also von der riesigen Masse, die unterhalb der Wasseroberfläche verborgen liegt. Allein daran kann man sehen, welche Macht unser Unterbewusstsein hat.

Noch ein Beispiel aus der Rubrik »Autofahren«. Erinnerst du dich noch an die erste Fahrstunde? Weißt du noch, wie sich das angefühlt hat? Wir mussten alles das tun, was die Fahrlehrer wollten: Gleichzeitig Gas geben, lenken, Kupplung treten, schalten, blinken, in den Rückspiegel schauen, den Verkehr beobachten, immer ruhig bleiben, rechtzeitig bremsen ... Da soll noch jemand sagen, Multitasking sei nicht möglich. Das hat uns beide und Millionen anderer Fahrschüler und Fahrschülerinnen an ihre Grenzen gebracht. Jede Bewegung und jeder Gedanke mussten konzentriert und damit über das Bewusstsein stattfinden, weil wir das Fahren erst lernten. Das hat uns wahnsinnig viel Energie gekostet. Wir wissen nicht, wie es dir ging, aber wir waren meist ganz schön platt, wenn wir nach der Stunde aus dem Fahrschulauto gestiegen sind.

Wie fährst du heute? Denkst du noch bewusst daran, vor dem Abbiegen einen Blinker zu setzen? Überlegst du, wann du mit dem linken Fuß die Kupplung trittst und wann du dabei den rechten vom Gaspedal nimmst? Wir unterhalten uns gern beim Fahren, während wir die Gänge in passenden Momenten rauf und runter schalten, weil wir die einzelnen Bewegungen und Handlungen ganz automatisch ausführen können. Denn sie werden über das Unterbewusstsein gesteuert. Sonst würden wir unser Leben lang so fahren wie in der ersten Fahrstunde. Danke, Unterbewusstsein! Wir reihen uns gerne fließend in den Verkehr ein, statt zum permanenten Hindernis zu mutieren.

FLUCH UND SEGEN ZUGLEICH

 Was sich in vielen Fällen als echter Segen erweist, stellt das zentrale Problem dar, wenn wir unerwünschte Verhaltensmuster, wie beispielsweise Angst oder Stress beeinflussen wollen. Denn unser Unterbewusstsein entzieht sich unserer direkten Wahrnehmung. Wie können wir aber trotzdem darauf einwirken? Mit verschiedenen Entspannungstechniken oder Hypnose zum Beispiel. Selbst Showhypnose, die Christo ja auf der Bühne nutzt, dient als Kommunikation mit unserem Unterbewusstsein.

Wenn wir davon sprechen, unseren »inneren Schweinehund zu überwinden«, meinen wir eigentlich, dass wir unser Unterbewusstsein austricksen müssen. Es geht darum, die stabilen und etablierten Verhaltensmuster, die sich im Unterbewusstsein manifestiert haben, zu durchbrechen. Jeder, der Diät hält oder anderweitig versucht, abzunehmen oder mit dem Rauchen aufzuhören, kennt diesen Schweinehund. Morgens früh aufstehen, abends kein Fernsehschauen, weniger Kaffee, weniger Zucker, mehr Sport, mehr Zeit mit Gesprächen verbringen ... all das bedeutet, einen Kampf gegen das eigene Unterbewusstsein führen und gewinnen zu müssen.

‼ In Kürze

- Wir brauchen sowohl unser Bewusstsein als auch unser Unterbewusstsein, um unser alltägliches Leben gut zu bestreiten. Manchmal macht unser Unterbewusstes uns aber einen Strich durch die Rechnung, wenn wir uns weiterentwickeln und verändern wollen.

- Denn es liebt vor allem eins: automatisierte Abläufe. Das spart Zeit und Energie, die wir gut für unser Bewusstsein brauchen können. Es steht uns aber eben auch im Weg bei allem, was wir – wie Angst und Stress – lieber verlernen wollen. Weil es etwas träge ist, müssen wir unser Unterbewusstsein deshalb immer wieder austricksen. Dann können wir unerwünschte Verhaltensmuster durchbrechen.

6. STRESS MICH NICHT!

Du fragst dich jetzt wahrscheinlich: Ok, wir müssen gegen unser Unterbewusstsein einen Kampf gewinnen. Aber wie geht das und ist das nicht mega stressig? Keiner hat gesagt, dass es leicht werden würde. Auf alle Fälle ist es möglich. Und auch wenn es vielleicht ein hartes Stück Arbeit bedeutet, deinen Stress loszuwerden, lohnt sich die Mühe.

Weil es sich an diesem Beispiel so anschaulich zeigen lässt, wollen wir noch einmal den Kampf des Mädchens gegen die Spinne bemühen. Damit sich ihre Angst in Luft auflöste, benötigte es eine positive Lernerfahrung. Im Unbewussten des Mädchens waren Bilder gespeichert, die zeigten, wie eine Spinne auf sie zukommt. Verknüpft waren die Bilder mit der Emotion Angst – also mit der Weg-von-Strategie. Sie löste Stress aus. Damit der Stress verschwinden konnte, brauchte das Mädchen die Lernerfahrung, dass die Spinne schnell vor ihr weglief, immer kleiner und kleiner wurde und irgendwann am Horizont verschwand.

Ab sofort ist die Spinne mit einer Hin-zu-Strategie, mit einem positiven Gefühl verbunden. Angst und Stress lassen nach, weil die Verknüpfungen zwischen Bildern und Emotionen neu und positiv belegt wurden. Der Angstauslöser Spinne bleibt zwar, löst ab jetzt aber eine gute Emotion aus. Und das Beste daran: Da die Neuverknüpfung des Bildes mit der neuen positiven Emotion auf neuronaler Ebene stattfindet, wird das Mädchen dauerhaft keine Angst mehr vor Spinnen haben. Neue Synapsen, also Nervenverbindungen, wurden geknüpft und im Unterbewusstsein automatisiert. Das nennt sich »Substitutions-

Lern-Prozess« (SLP). Eine Emotion wird durch eine andere substituiert.

Unser Supercomputer

Zum Glück verfügt unser Unterbewusstsein über eine enorm große Festplatte. Auf diesem Board sind unfassbar viele Bilder, beziehungsweise neuronale Muster und Emotionen, gespeichert. Jede Emotion ist mit einem oder sogar vielen Bildern verbunden. In Bruchteilen einer Sekunde vollbringt unser Unterbewusstsein eine Wahnsinnsleistung: Es wertet alle Umweltreize aus, indem es die Bilder und entsprechenden Emotionen findet. Auf jede Situation, in der wir uns befinden, reagieren wir also praktisch sofort mit einer Emotion – physisch und auch psychisch. Gleichzeitig wird über Botenstoffe die Hormonproduktion aktiviert und damit der Körper in die Lage versetzt, angemessen zu reagieren.

Emotionen sind also die Ausdrucksform des Unbewussten. Sie lassen uns situationsbedingt reagieren. Die Intelligenz des Unbewussten beruht auf mehr oder weniger zufälligen Erfahrungen, die die Emotionen geprägt haben. Deshalb können zwei Personen in einer gleichen Situation mit unterschiedlichen Emotionen reagieren.

Ein Beispiel: Ein Mann geht zum ersten Mal mit 100 Euro in ein Spielkasino und kommt mit 1.000 Euro wieder raus. Ein anderer verspielt in der gleichen Situation sein ganzes Geld. Das Bild Spielcasino ist bei den beiden mit unterschiedlichen Emotionen verbunden. Derjenige, der sein Geld verloren hat, wird das Casino möglicherweise zukünftig meiden wie der Teufel das Weihwasser. Der andere könnte zum Spieler werden.

Das Verständnis dieser Zusammenhänge ist der Schlüssel, um die eigene Denke oder das eigene Verhalten dauerhaft zu ändern. Es ist der Code, um Angst, Stress oder andere unerwünschte Verhaltensmuster und Blockaden zu korrigieren. Denn unser Bewusstsein und unser Unterbewusstsein ergänzen sich ideal. Zwar ist es smart, Entscheidungen auf Basis von Erfahrung und Logik zu treffen, doch wenn eine emotionale Erfahrung uns dabei im Wege steht, sollten wir sie relativieren. Unsere Verhaltensmuster können wir aber nur auf der unbewussten Ebene dauerhaft verändern, indem wir unsere neuronalen Verbindungen ändern.

EINE GESCHICHTE!

Bens Weg zur Magie

Einen Tag nach Bens Abiball ging es für ihn los ins Abenteuer Magie. Er flog nach Kreta, um dort für die Clubhotel-Kette »Magic Life« vier Monate lang viel Spaß und Magic Moments zu verbreiten. Er durfte jeden Abend vor 500 Menschen auftreten und in den Umziehpausen der Profitänzer gute Laune verbreiten. Unser kleiner Rebell mochte die von der Hotelleitung vorgegebenen Sketche aber nicht. Also überredete er sie, ihn zaubern zu lassen. Die zweite Woche begann er mit einem 5-Minuten-Slot und von da an gab es immer mehr Bühnenzeit, in der er die Leute zum Staunen und Lachen bringen durfte. Irgendwann fiel dem General Manager auf, dass Ben das Sprechen vor vielen Menschen richtig gut draufhatte und durfte von nun an auch das Aperitif-Spiel zweisprachig moderieren, die Tanzabende und Highlight-Shows einleiten und den wöchentlichen Bingo-Abend durchführen. Alles das natürlich, ohne einen Cent mehr zu bekommen. Und das hat er auch gar nicht gebraucht. Er hat jede Sekunde geliebt und die Rampensau, die du heute von der Bühne kennst, wurde damals geboren.

Nach vier Monaten schloss das Hotel für die Winterpause und Ben flog nach Hause. Dort war ihm ganz schön langweilig. Keiner feierte ihn für seine Auftritte und seine Mutter meckerte, weil er seinen Teller nicht abräumte und seine Sportsachen überall im Haus herumlagen. Er hat es ganze drei Tage ausgehalten, bis er die Hotelkette wieder kontaktierte und aufgrund der Empfehlung seines Chefs eine Woche später auf Fuerteventura angeheuert wurde. Dort flog er allerdings zwei Monate später raus. Ben erzählt, dass er zur Silvesterfeier im Club vor den Augen des Managers einem 17-jährigen Sekt zum Anstoßen gegeben hat – auf den Kanaren überhaupt nicht gerne gesehen. Christo würde hingegen behaupten, dass es andere Gründe waren. Aber wie bei jedem von Bens Zaubertricks, wissen wir es am Ende nie ganz genau.

Für ihn war das damals der schlimmste Moment seines Lebens. Er war gescheitert und musste es seinen Eltern beichten. Wer Ben kennt, weiß, dass er diesen Rausschmiss natürlich nicht auf sich sitzen ließ. Er fühlte sich ungerecht behandelt, organisierte sich die Nummer des CEOs der gesamten Hotelkette und beschwerte sich über den unfähigen Hotelmanager. Der reagierte sehr entspannt und bot ihm bereits vier Tage später wieder einen Job an – diesmal in Ägypten.

Ben ließ sich drei Tage Zeit, dann sagte er ab, obwohl ihm klar war, dass die letzten sechs Monate die bis dato ereignis- und lehrreichsten seines Lebens waren. Er wollte aber weiterkommen und nicht den Bezug zu seinem »echten« Leben verlieren. Also studierte Ben Medienmanagement und machte sich parallel als Entertainer und Magier selbständig. Wirklich motiviert hat ihn dabei, dass er sich mit einem Chef über ihm immer fehl am Platz gefühlt hatte und lieber sein eigenes Süppchen kochen wollte. Seit damals hat er das nicht bereut und wollte auch nie zurück in eine Festanstellung. Er hatte häufiger Gelegenheit, in Deutschland aufzutreten, und ist dadurch auch auf Christo getroffen. Wäre er nach Ägypten gegangen, würdest du heute dieses Buch nicht lesen.

UND DIE MORAL VON DER GESCHICHTE?

Das scheinbar größte Pech hat sich in ein großes Glück verwandelt. Für vieles, was wir tun, brauchen wir Motivation – ob es sich darum dreht, morgens aufzustehen, einen guten Job zu machen, auf die Bühne zu gehen, uns mit Freunden zu treffen oder oder oder. Für Ben war die größte Motivation, keinen mehr über sich zu haben, der ihm sagt, was er zu tun oder zu lassen hatte. Um morgens aufzustehen, reicht eventuell schon ein Sonnenstrahl durchs Fenster. Um zur Arbeit zu gehen, könnte es eventuell bereits der Gehaltsscheck am Monatsende sein. Was uns beide motiviert, immer wieder auf die Bühne zu gehen, ist die Energie und die Freude, die wir von unserem Publikum bekommen. All diese Motivationen können aber nur dann ihre Wirkung entfalten, wenn wir nicht gegen Ängste oder Blockaden kämpfen müssen.

Hätte Ben in seiner Job-los-Situation zum Beispiel Angst gehabt, ohne einen Folgejob schon in jungen Jahren in die Armut abzurutschen, hätte ihn die Aussicht auf die Selbständigkeit nicht wirklich gelockt. Denn zu versuchen, jemanden zu motivieren, der Ängste und Blockaden erlebt, ergibt genauso viel Sinn wie jemandem Schwimmunterricht anzubieten, der bereits am Ertrinken ist. Wenn wir also andere Menschen motivieren wollen, können wir das nachhaltig nur auf unbewusster Ebene erreichen. Was Menschen motiviert, ist individuell verschieden. Für jeden bedarf es einer eigenen Strategie. Die zu erkennen, lässt sich lernen.

‼ In Kürze

- Um unser Unterbewusstsein zu überlisten und dadurch Angst und Stress loszuwerden, brauchen wir vor allem eins: Motivation. Ohne die brauchen wir erst gar nicht loszulegen. Diese Motivation sieht bei jedem anders aus. Wenn wir aber einen guten Grund haben, Angst und Stress loszuwerden, müssen wir die negativen Emotionen, die in unserem Unterbewusstsein mit einer Situation verbunden sind, durch positive Gefühle ersetzen. Dann werden wir sie dauerhaft los, weil im Gehirn neue Nervenzellenverknüpfungen entstehen und das Unterbewusstsein zukünftig diese benutzt. Die alten, negativen werden zum Glück eingemottet.

7. Ausweg aus der Stressfalle – für Zuhause

So, das war jetzt ganz schön viel Input. Du weißt jetzt, was Stress ist, wie er entsteht und in unserem Unterbewusstsein verarbeitet wird. Du hast erfahren, dass hinter jedem Stress immer eine Angst wohnt und dass diese Ängste in den meisten Fällen nicht der Realität entsprechen.

Wir hoffen, dass wir dich immer gut unterhalten haben, auch wenn es an vielen Stellen sehr theoretisch zuging. Wir sind aber eigentlich Praktiker. Und deshalb wollen wir dir noch den ein oder anderen, für jeden anwendbaren Weg aus der Stressfalle zeigen, damit du ab sofort viel entspannter durchs Leben gehen kannst. Denk nur an die Angst vor Spinnen oder Mäusen oder vor der Zukunft oder vor dem Alleinsein, davor, was andere von einem denken und so vieles mehr. In all diesen Fällen ergibt es Sinn, die Ängste »einfach« zu beseitigen. Dann wird alles besser und dein Stress lässt dadurch auch deutlich nach. Bisher galt die Reihenfolge: Bedrohung – Angst – Stress. Jetzt gehen wir diesen Weg rückwärts, um die Angst zu finden, die dir das Leben schwer macht.

Christo hat eine effektive Selbsttechnik entwickelt, die er mit seinen Klienten und Klientinnen einübt, damit sie auch zuhause Fortschritte erzielen können. Schaff dir zunächst auf jeden Fall Raum, um diese Übung selbst durchzuführen. Schalte dein Handy aus und stell sicher, dass du für eine Weile nicht gestört wirst.

Schritt 1 – Deep Dive in den Stress

Geh deinem Stress auf den Grund. Dafür schließt du die Augen und erinnerst dich an eine Situation, in der du dich gestresst gefühlt hast. Lass diese Situation ganz bewusst in deinen Gedanken noch einmal real werden. Tauch richtig tief ein in dieses Gefühl und frag dich: Wo im Körper fühle ich Stress? Im Bauch, in der Brust, im Hals? Leg eine Hand dann genau auf das Zentrum des Gefühls. Betrachte dabei nur das Gefühl unter deiner Hand – alles andere ist jetzt völlig egal.

Was macht das Gefühl unter deiner Hand? Drückt es, zieht es, sticht es, reißt es? Spür noch tiefer rein: Zieht es sich zusammen, dehnt es sich aus, will es rein, will es raus, drückt es nach oben oder unten? Dann finde einen Vergleich für das Gefühl. Das kann zum Beispiel sein: Es fühlt sich an, als ob ein Balken auf meinem Hals liegt, der mir die Luft abdrückt. Oder: ..., als ob ein Messer in meinen Bauch sticht. Oder: Ich spüre es wie ein Vakuum, das sich in meiner Brust zusammenzieht. Es gibt noch unendlich viele andere Assoziationen, die du wahrnehmen kannst. Lass sie alle ohne Wenn und Aber zu, selbst wenn du sie als skurril empfindest. Alles ist erlaubt.

Entstehen Bilder vor deinem inneren Auge, wunderbar! Entdecke, was genau sich hinter diesen Bildern versteckt, was ängstigt dich oder vor wem fürchtest du dich? Wer zum Beispiel sticht das Messer in deinen Bauch? Die Antwort ist mit an Sicherheit grenzender Wahrscheinlichkeit die Quelle deiner Angst und somit der Stressauslöser.

 In diesem Schritt geht es darum, die Gedanken alle zu notieren, um noch tiefer an die Wurzel deiner Ängste zu gelangen. Damit du hier konkret werden kannst, geben wir dir ein Beispiel vor, mit dem du diese spezielle Notizen-Machen-Technik durchspielen kannst:

Stell dir vor, du hast in Schritt eins herausgefunden, dass dir dein Chef, wenn er dir neue Aufgaben zuteilt, den Hals zudrückt und du kaum noch Luft bekommst. Ja, das mag absurd klingen. Mach trotzdem immer weiter. Nimm dir Zettel und Stift zur Hand und verhalte dich beim Notizen machen ein bisschen wie ein kleines Kind, das immer weiter fragt und fragt und damit die Eltern in den Wahnsinn treibt. Jetzt stell dir vor, genau das, wovor du Angst hast, tritt ein.

Gedanke: *Mein Chef schnürt mir die Luft ab*
Frage: *Und dann?*
Gedanke: *Ich versage*
Frage: *Und dann?*
Gedanke: *Ich werde entlassen.*
Frage: *Und dann?*
Gedanke: *Mir fehlt Geld.*
Frage: *Und dann?*
Gedanke: *Meine Frau verlässt mich und nimmt mein Kind mit.*
Frage: *Und dann?*
Gedanke: *Ich bin einsam und allein.*
Frage: *Und dann?*

Stoppe erst dann, wenn du bemerkst, dass sich Gedanken wiederholen oder ähnlich sind. Dieser Prozess kann unter Umständen eine Weile dauern. Hier kommen wir jetzt zu einem »ähnlichen Gedanken«.

Gedanke: *Ich finde keine Arbeit mehr.*

In diesem Beispiel deutet der Gedanke »ich werde entlassen« und »finde keine Arbeit« auf die zugrundeliegende Angst hin.

Schritt 3 – Ergebnisse einordnen

 Jetzt solltest du überprüfen, wie sich die notierten Gedanken und vermeintlichen Ängste auf dich auswirken. Belasten sie dich sehr? Am besten, du fängst von hinten, mit dem letzten Eintrag auf der Liste an. Lass diesen Gedanken auf dich wirken und bewerte dann ganz spontan die gefühlte Belastung auf einer Skala von null bis zehn. Null bedeutet, im Grunde ist mir das völlig schnuppe. Zehn heißt, ich kann die Belastung kaum ertragen. Der Wert, der dir spontan in den Sinn kommt, ist der richtige. Denk also nicht immer weiter dran lang. Spiel die Belastungsfrage für alle notierten Gedanken durch.

 Wir machen es kurz: Menschen, die nicht entspannen können, sind in der Regel verspannt. Und das im wahrsten Sinne des Wortes. Verspannte Muskeln gehören zur Tagesordnung. Wer verspannt ist, der kann nicht loslassen. Und genau darum geht es ja, wenn du eine negative Bild-Emotions-Verknüpfung in eine positive verändern willst. Du musst alte, angstgebundene Verbindungen loslassen – und dafür musst du entspannen. Denn wenn deine Muskeln loslassen, tut es auch dein Geist.

Am besten also, du absolvierst täglich folgende Entspannungstechnik. Dafür legst du bitte das Handy weg oder schaltest es zumindest in den Flugmodus. Vorher aber noch kurz den QR-Code scannen und los geht's:

Alles, was in der Übung passiert, basiert auf physikalischen Regeln und ist jederzeit wiederholbar. Es kommt nur darauf an, dass du dich auf das Experiment einlässt und dass du übst. Schließlich ist auch noch kein Entspannungsmeister vom Himmel gefallen. Spitzensportler stehen nur deshalb ganz oben, weil sie ihre Disziplin schon 10.000 bis 20.000 Stunden lang ausgeübt haben. Genauso verhält es sich mit Musikern,

Autofahrern, Balletttänzern und allen anderen Profis auf ihren jeweiligen Gebieten. Also keineswegs gleich aufgeben, wenn beim ersten Mal nicht alles so läuft, wie du dir das vorstellst.

 Mit dieser Technik hast du die Entspannung schon einmal herbeigeführt, die für Veränderungen von fundamentaler Bedeutung ist. Sie ist quasi der Zugang zu deinem Unterbewusstsein, das alle Prozesse koordiniert. Nun brauchst du nur noch eine effektive Methode, um die Angst und damit den Stress zu beseitigen. Du erinnerst dich noch an SLP? Der Substitutions-Lern-Prozess erlaubt dir die emotionale Neuorientierung. Aber keine Angst, es hört sich wirklich schlimmer an, als es tatsächlich ist. Es gibt alle möglichen Techniken, die sich hierfür eignen. Wir zeigen dir eine einfache und sehr effektive Methode.

Diese Methode basiert auf der wissenschaftlich anerkannten EMDR-Technik. Sie stammt aus der Traumatherapie und wird häufig in der Psychotherapie bei der Posttraumatischen Belastungsstörung eingesetzt oder immer dann, wenn ein belastendes Ereignis zum Beispiel Ängste auslöst.

Darum geht's beim EMDR: Die Abkürzung steht für Eye Movement Desensitization and Reprocessing – also Desensibilisierung und Regenerierung durch die Bewegung der Augen. Unter diesem QR-Code findest du ein Video, das dir zu Beginn bei der Durchführung und der Augenbewegung hilft.

Nimm dazu außerdem die Liste, die du in Schritt drei erstellt hast. Merke dir bitte den Eintrag mit der höchsten Zahl – also die Emotion, die dir am meisten Angst macht. Dann entspann dich, indem du dreimal tief ein- und langsam wieder ausatmest. Achte bitte darauf, die Muskeln bei jeder Ausatmung zu entspannen. Irgendwann, wenn du das Video nicht mehr brauchst, kannst du auch an einen Ort gehen, an dem du in die Ferne schauen kannst. Verpack deine Emotion in einem ganzen Satz, wie „Ich finde keine Arbeit" oder „Ich werde entlassen" und wiederhole diesen so lange, bis das Video beendet ist.

Halte deinen Kopf bitte gerade – es geht nur darum, deine Augen zu bewegen. Bewerte danach bitte deine Emotion noch einmal neu auf der Skala von null bis zehn. Merke dir die Zahl und sage den folgenden Satz laut:

»Hallo Unterbewusstsein, geh zurück im Leben, zu den Momenten, in denen ich diese Emotion in der Stärke (gemerkte neue Zahl) erlebt habe.«

Dann wiederhole das Ganze und sage dabei wieder deinen gemerkten Satz. Danach folgt eine weitere Bewertung auf der bekannten Skala. Wiederhole den gesamten Durchgang so lange, bis du auf einer Bewertung von unter drei angelangt bist. Wenn es zwischendurch einmal stockt, du zum Beispiel bei einer Fünf hängen bleibst, gönn dir eine Pause und setze die Wiederholungen erst am nächsten Tag fort.

SO KANNST DU SELBST DEINEN FORTSCHRITT ÜBERPRÜFEN

Stell dir eine Schulklasse mit zwanzig unschuldigen Kindern im Alter von sechs oder sieben Jahren vor. Du bist der Lehrer und sollst den Kindern deinen gemerkten »Angstsatz« beibringen. Erklär den Kindern, dass sie so schrecklich leben müssen, wie du das bisher getan hast und zeige ihnen, was sie tun müssen, um ein genauso bedrohliches Gefühl zu entwickeln. Mach ihnen ganz deutlich, warum sie das brauchen.

Wenn du dabei keinen inneren Widerstand spürst, dann wiederhol das Augenbewegungsset von vorhin mit dem zweitschlimmsten Eintrag auf deiner Liste.

Spürst du beim Gedanken an die Kinder einen inneren Widerstand und willst ihnen das auf gar keinen Fall beibringen, Gratulation! Jetzt hast du deine Angst überwunden. Genieß das gute Gefühl und sage den Kindern in einem kurzen Satz, was du ihnen stattdessen beibringen willst. Das könnte so etwas sein wie: »Kinder, seid frei, dann erreicht ihr alles, was ihr wollt.«

 Erinnerst du dich noch an SLP? Jetzt geht es ans Substituieren! Nimm den positiven Satz, den du den Kindern beibringen wolltest, und formuliere daraus einen auf dich selbst bezogenen Satz. Dann kürze ihn so weit wie möglich, manchmal reichen sogar nur drei Wörter, und überprüfe ihn auf Negationen, also Wörter wie »kein«, »aber«, alles, was mit »un-« beginnt etc. Die kannst du nicht gebrauchen. Denn dein Unterbewusstsein versteht keine Negierungen.

Dann lies bitte den folgenden Satz laaaaangsaaaam laut vor. Bei jedem »…« gibt's eine kleine Pause, in der du einatmest:

Jetzt ist es für mich Zeit … in meiner eigenen Geschwindigkeit zu entspannen … in jenen tiefen Zustand … der inneren Ruhe zu gelangen … der soooooo angenehm ist. Ich lasse los vom Alltag … alle Muskeln in meinem Körper … sind entspannt … gut durchblutet … warm … und ich lasse es zu, … dass bei jedem Ausatmen … auch die letzte Verspannung … aus mir herausfließt.

Und ich merke, … wie mein Bewusstsein … immer tiefer und tiefer … in einen ganz angenehmen … Zustand gleitet … immer tiefer … und tiefer und tiefer.

Ich gehe zurück in der Zeit … zum Beginn meiner Existenz … und während ich mich … mit enormer Geschwindigkeit … in Richtung Gegenwart bewege … betrachte ich alle Erlebnisse. Und all die guten Gefühle … bewahre ich tief … in mir. In alle Erleb-

nisse, ... die mich belasten ... lasse ich ... meine besten Gefühle fließen.

In der Gegenwart angekommen, ... begebe ich mich ... in meine Zukunft ... erst einen Tag ... dann ein Jahr ... zehn Jahre ... 30 Jahre ... und schaue zurück ... auf den heutigen Tag.

Auf dem Weg, ... den ich gegangen bin, ... sehe ich wie glücklich ... und zufrieden ich bin ... jeden Tag ... jede Stunde ... jede Minute ... jede Sekunde.

Und ich bin mir bewusst, ... dass mir mein Unbewusstes ... jeden Tag ... doppelt so viele ... gute Gefühle ... wie am Tag zuvor bereitet. Und so nehme ich jetzt ... alle die guten Gefühle, ... die ich jemals gespürt habe, ... und bewahre sie ganz tief in mir ... für alle Ewigkeit ... ganz tief in mir.

Ich spüre, ... dass es jetzt Zeit ist ... für mich zurückzukehren ... und alle guten Gefühle ... mitzunehmen in mein Leben. Und so kann ich jetzt ... schon spüren, ... wie Lebenskraft und Lebensfreude ... durch meinen Körper fließt, ... und wacher und frischer sein ... als heute Morgen ... nach dem Aufstehen.

Glückwunsch, du bist jetzt ein Sieger. Du bist schon ziemlich weit gekommen und hast positive Emotionen »ganz tief« in dir verankert.

DIE WELT STEHT DIR OFFEN.

Schritt 7 – Den Ressourcenanker setzen

 Zur Erklärung: Wenn wir hier von einem Anker oder dem Prozess des Ankerns sprechen, geht es darum, die Wirkung der Auto-Suggestion an einer bestimmten Situation oder an einer bestimmten Stelle zu »befestigen«. Das hast du im letzten Schritt getan.

Nun gilt es, die positiven Emotionen zu erhalten, zu verstärken und in einen so genannten selbstkalibrierenden Ressourcenanker umzuwandeln. Das bedeutet in diesem Fall, dass du immer dann, wenn du auf die positiven Emotionen (deine Ressource) zugreifen möchtest, das mit Unterstützung deines Ankers tun kannst. Und diesen Anker festigen wir jetzt. Sonst passiert es leider oft, dass ein Anker nach dem nächsten Schlaf schon wieder locker sitzt oder sogar abgerissen ist. Das wollen wir unbedingt vermeiden. Lass also all die positiven Emotionen gedanklich in deine linke Hand fließen. Danach duplizierst du den Anker ebenfalls in Gedanken in deine rechte Hand.

So geht's: Du löst den Anker aus, indem du mit dem Daumen und dem kleinen Finger der linken Hand ein O formst. Gleichzeitig umschließt du mit der rechten Hand beispielsweise eine Stuhllehne. Drücke mit der rechten Hand so kräftig zu, wie du kannst. Dann löse den Anker mit der linken Hand aus, indem du dir vorstellst, wie alle guten Emotionen der linken Hand in die rechte Hand fließen. Je kräftiger du mit der rechten Hand zudrückst, umso stärker werden die positiven Emotionen. Drück also immer stärker zu, bis du lachen musst. Der Anker ist gesetzt.

HÄNDESCHÜTTELN FÜR GUTE LAUNE

In der Regel geben wir anderen Menschen die rechte Hand zur Begrüßung. Jetzt, wo wir den Anker dort platziert haben, wird er zum Beispiel bei jedem Händeschütteln ausgelöst und damit generalisiert. Das Großartige dabei: Bei jedem Auslösen des Ankers, also bei jedem Händeschütteln, springt der Anker auch auf die andere Person über. Gute Laune ist nämlich ansteckend. Du bekommst bestimmt ein Lächeln zurück. Deshalb: Immer dann, wenn du in Zukunft jemandem die Hand schüttelst, dann drück kräftig zu. So wird dein Anker ausgelöst und deine positiven Emotionen plus dein Lächeln übertragen sich auf dein Gegenüber. Probiere es gleich mal aus!

DIE PROBE AUFS EXEMPEL

Damit du sicher gehen kannst, dass alles geklappt hat, kannst du nun eine Überprüfung starten. Umfasse dafür noch einmal mit der rechten Hand die Armlehne deines Stuhls und drücke fest zu. Und jetzt denkst du noch einmal an deinen Angst-Satz aus der Liste. Streng dich richtig an, diese Angst wieder zu empfinden. Gelingt es dir, sie wieder hervorzuholen, dann wiederhole die vorige Übung. Bei den meisten Menschen ist die Angst aber wirklich weg.

Falls es nicht geklappt hat, ärgere dich nicht. Entspanne dich erneut und lies anschließend den Text noch einmal langsam laut vor. Denke bitte auch an die Pausen bei den Pünktchen:

Jetzt ist es für mich Zeit … in meiner eigenen Geschwindigkeit zu entspannen … in jenen tiefen Zustand … der inneren Ruhe zu gelangen … der soooooo angenehm ist. Ich lasse los vom Alltag … alle Muskeln in meinem Körper … sind entspannt … gut durchblutet … warm … und ich lasse es zu, … dass bei jedem Ausatmen … auch die letzte Verspannung … aus mir herausfließt.

Und ich merke, … wie mein Bewusstsein … immer tiefer und tiefer … in einen ganz angenehmen … Zustand gleitet … immer tiefer … und tiefer und tiefer.

Ich gehe zurück in der Zeit … zum Anbeginn meiner Existenz … und während ich mich … mit enormer Geschwindigkeit … in Richtung Gegenwart bewege, … betrachte ich alle Erlebnisse. Und all die guten Gefühle … bewahre ich tief … in mir. In alle Erlebnisse, … die mich belasten, … lasse ich … meine besten Gefühle fließen.

In der Gegenwart angekommen, … begebe ich mich … in meine Zukunft … erst einen Tag … dann ein Jahr … 10 Jahre … 30 Jahre … und schaue zurück … auf den heutigen Tag.

Auf dem Weg, … den ich gegangen bin, … sehe ich wie glücklich … und zufrieden ich bin … jeden Tag … jede Stunde … jede Minute … jede Sekunde.

Und ich bin mir bewusst, … dass mir mein Unbewusstes … jeden Tag … doppelt so viele … gute Gefühle … wie am Tag zuvor bereitet. Und so nehme ich jetzt … alle die guten Gefühle, … die ich jemals gespürt habe, … und bewahre sie ganz tief in mir … für alle Ewigkeit … ganz tief in mir.

Ich spüre, ... dass es jetzt Zeit ist ... für mich zurückzukehren ... und alle guten Gefühle ... mitzunehmen in mein Leben. Und so kann ich jetzt ... schon spüren, ... wie Lebenskraft und Lebensfreude ... durch meinen Körper fließt, ... und wacher und frischer sein ... als heute Morgen ... nach dem Aufstehen.

Du kannst den Text, während du ihn laut sagst, auch aufnehmen. Dann hast du die Möglichkeit ihn dir, wann immer nötig, anzuhören und dabei die Augen zu schließen. Manchen fällt Entspannung so leichter. Wie auch immer du vorgehst, sei nicht zu streng mit dir, sondern sag dir:

YEAH! ICH HABE ES GEROCKT!

TEIL DREI

BONUSMATERIAL

8. BONUSMATERIAL

Alle im Buch genannten Übungen und zusätzlichen Infos findest du hier noch einmal gesammelt. Dort kannst du uns auch gleich einmal live erleben.

www.die-unfassbaren.de/bonus

9. Unsere Top-Ten-Soforthilfen bei Stress

Da du das Buch sicher nicht ständig bei dir tragen kannst, haben wir hier noch ein paar sehr kurze Soforthilfen für dich zusammengestellt, die dir in akuten Situationen helfen. Der Übersicht halber enthält dieses Kapitel auch die Kurzübungen vom Anfang des Buches noch einmal, damit du alles kompakt an einer Stelle findest.

1. Kurze Spiegel-Affirmationen

Du kennst das: Du stehst morgens auf und kommst schon nicht so richtig in Schwung. Du weißt aber, dass der Tag einiges an Herausforderungen liefert. Zeit, um dem Spiegelbild mitzuteilen, wie großartig du eigentlich bist und wie locker du das heute alles auf die Kette kriegst. Es gibt dafür keine vorgeschriebene Formel. Formuliere dir das, was du dir an Affirmation, also Bestätigung, für den Tag mitgeben möchtest. Nur eins ist wichtig: Alles, was du sagst, muss positiv sein, damit es in deinem Unterbewusstsein auch genauso verankert wird. Also nichts mit »kein«, »nicht«, »un-«. Das könnte zum Beispiel ein einfaches „Schön ist der Tag" sein oder eine längere Abfolge wie

„Ich bin gesund, ich bin wach, ich bin genug, ich werde geliebt und ich liebe mein Leben".

Falls du dir dabei anfangs blöd vorkommst, mach dir keine Sorgen. Das ist normal. Wir haben ja schon früh eingetrichtert bekommen, dass Eigenlob stinkt und dass wir nicht so sehr von uns überzeugt sein sollen. Warum eigentlich nicht? Uns selbst gut zu finden, macht keine schlechteren Menschen aus uns. Im Gegenteil: Wer sich selbst mag, ist in der Regel ausgeglichener und damit auch viel freundlicher und offener zu seiner Umwelt.

Die Übung hat auf jeden Fall Auswirkungen auf dein Selbstbewusstsein und deine Energie. Übrigens, du kannst diese Übung immer dann wiederholen, wenn du an einem Spiegel vorbeikommst. Damit festigst du sie noch mehr und gewöhnst dich schneller an die ungewohnte Situation.

2. DIE OHNE-HANDY-HERAUSFORDERUNG

 Wie läuft das bei dir mit dem Smartphone? Trägst du das Teil auch ständig bei dir und es vergeht keine Stunde, in der du nicht Nachrichten schreibst oder liest, durch Social-Media-Kanäle scrollst, Mini-Games spielst, YouTube-Videos schaust oder oder oder? Dieser kleine Apparat macht einfach süchtig. Und genau hier liegt eine Menge Stresspotenzial. Anstatt uns auf eine Sache zu konzentrieren, werden wir ständig vom Piepen und Vibrieren unseres Tele-

fons abgelenkt. Hier eine Nachricht, da eine Erinnerung – kein Wunder, dass wir nicht mehr abschalten.

Wenn du dich mal wieder so richtig gestresst fühlst von deinem Handy, schalte es aus. Kein Flugmodus, keine Stummschaltung – einfach ausmachen. Es gibt so gut wie nichts, was du nicht auch in einer Stunde erledigen kannst. Und wer dich mal kurz nicht erreichen kann, den rufst du einfach später zurück.

Diese Übung macht dich nicht nur entspannter, sondern auch effizienter. In einer Stunde ohne Handy wirst du so effizient arbeiten, wie schon lange nicht mehr – oder so gut abschalten können, dass dich der Stress nicht gleich wieder einholt, sobald das Ding wieder an ist.

3. Die Mini-Meditation

Diese Übung kennst du bereits, wenn du aufmerksam gelesen hast. Deshalb machen wir's kurz: Hast du zu viel auf der Uhr, mach Pause und lehn dich zurück. Dann atme so lange wie möglich ein und aus. Und das bitte für mindestens eine Minute. Danach schreibst du dir eine To-do-Liste nach Wichtigkeit von eins bis X und arbeitest sie von oben nach unten ab. Bitte das Durchstreichen nicht vergessen. Vom Zettel heißt auch gleichzeitig aus dem Kopf und damit wieder mehr Platz für Neues. Probiere das unbedingt. Das Durchstreichen von Aufgaben löst ein Glücksgefühl aus. Fun Fact: Ben hat für alles seine To-do-Listen und streicht für das Glücksgefühl erledigte Aufgaben immer zweifach durch. Kein Wunder, dass der immer so gut drauf ist.

4. RÜCKWÄRTS ZÄHLEN

Auch das Rückwärtszählen sollte dir bekannt vorkommen. Wir neigen oft dazu, auf Stress impulsiv oder gestresst zu reagieren. Diese Reaktionen sind selten gut. Also zähl in Aufreger-Situationen einfach von zehn runter, dann hast du denn Kopf frei, um ruhig und bedacht zu reagieren. Und das ist in der Regel besser für die anderen – aber auch besser für dich selbst.

10   9   8
7   6   5
4   3   2
1   0

5. KURZE SELBSTHYPNOSE

 Selbsthypnose ist vielseitig einsetzbar und ganz leicht zu erlernen. Wenn du zum Beispiel beim Zahnarzt Angst vor Spritzen hast oder einfach nur so ohne Betäubung behandelt werden willst, kann dich die Selbsthypnose gut »ablenken«. Dafür suchst du dir einen Punkt an der Wand oder an der Decke und konzentrierst dich auf diesen Spot. Dann kannst du dir im Geiste so einen Satz sagen wie »Mein Mund ist betäubt und ich bin entspannt«. Diesen Satz wiederholst du immer und immer wieder – entweder, bis die Behandlung vorbei ist oder bis deine Gedanken sich nicht mehr um das Drehen, was da in deinem Mund passiert. Das funktio-

niert. Bei echten Profis fühlt sich der Mund sogar richtig pelzig an, als ob sie tatsächlich eine Betäubung erhalten hätten.

Zugegeben, Selbsthypnose braucht meist etwas Übung. Aber wer weiß, vielleicht bist du ja ein Naturtalent. Worauf wartest du noch? Das klappt übrigens nicht nur beim Zahnarzt, sondern überall, wo du dich von Schmerzen oder Nadeln ablenken musst: beim Impfen, beim Tätowieren, beim Blutabnehmen und so weiter.

6. GLÜCKSHORMONE TRIGGERN

Bei Stress schüttet unser Körper das Hormon Cortisol aus. Das treibt uns zu Höchstleistungen, sorgt aber auch dafür, dass wir dringend neue Energie benötigen und die Konzentration von Glückshormonen im Körper geringer wird. Dann greifen viele zu Zucker, also Schokolade und ähnlichen Süßigkeiten.

Wir wollen dir jetzt keinen Vortrag über gesunde Ernährung halten. Du weißt schon selbst, was du essen willst und sollst. Fakt ist aber: Nüsse und Obst beispielsweise triggern die Produktion von Glückshormonen besser als zum Beispiel Vollmilchschokolade. Die enthält nämlich viel zu wenig Kakao, um wirklich einen Effekt zu erzielen. Bist du also gestresst, brauchst du einen gesunden Blutzuckerspiegel und den erhältst du auf die Schnelle eher mit dem Griff zu Bananen oder Paranüssen als mit Schokolade oder Gummibärchen.

7. Lach dich stressfrei

Egal, wie dir gerade zumute ist. Wenn du herzlich lachst, kann der Körper gar nicht anders als Glückshormone auszuschütten, die dich, zumindest kurzfristig, aus der Stresssituation befreien. Dabei spielt es gar keine Rolle, ob du etwas wirklich lustig findest oder dein Lachen einfach nur fakst. Zieh mal eine Minute lang deine Mundwinkel hoch. Wenn's dir schwerfällt, klemm noch einen Stift zwischen die Zähne. Dann klappt's bestimmt. Dein Gehirn und in der Konsequenz auch dein Körper können nicht anders, als sich glücklich und entspannt zu fühlen. Wenn alles nicht hilft, zieh dir so lange Katzenvideos rein, bis du gar nicht mehr anders kannst, als zu lachen. Oder du kommst einfach zu einer unserer Shows. Mission erfüllt.

8. Atmen als Stresskiller

Sind wir gestresst, atmen wir in der Regel unruhiger und schneller, als das für uns gut ist. Deshalb hilft die richtige Atemtechnik dabei, schnell Stress abzubauen. Du kannst beispielsweise vier Sekunden lang einatmen, die Luft für sieben Sekunden anhalten und danach für acht Sekunden wieder ausatmen. Mach das einige Male nacheinander und dein Stress lässt nach. Das liegt daran, dass Atmen viel mehr ist als nur Sauerstoff in den Körper zu pumpen und Kohlendioxid wieder rauszublasen. Besonders die Ausatmung hat eine entspannende Wirkung. Dabei wird der Teil des zentralen Nervensystems, der Parasympathikus, aktiviert, der beruhigend wirkt. Damit verlangsamt sich unser Herzschlag und wir kommen zur Ruhe.

9. FÜNF MINUTEN IM PARADIES

Es hilft alles nichts: Wer gestresst ist, muss einfach hin und wieder mal die Pausentaste drücken. Wenn nichts mehr geht, schließ deine Augen und träume dich für fünf Minuten in dein ganz persönliches Paradies. Das kann der Strand aus dem letzten Sommerurlaub sein, der Berggipfel, auf den du schon immer mal steigen wolltest, oder auch der Blick von deinem Balkon. Völlig egal – der Ort sollte sich für dich aber so richtig schön anfühlen. Stell ihn dir ganz genau vor. Wie sieht er aus? Wie riecht es dort? Was kannst du dort hören, was fühlen? Fünf Minuten reichen dafür völlig aus, um die Reset-Taste zu drücken und gestärkt weiterzumachen.

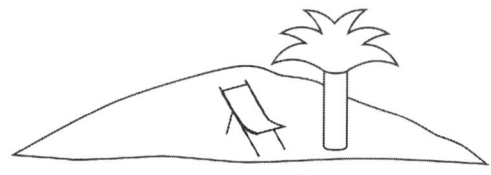

10. EINMAL UM DEN BLOCK GEHEN

Befindest du dich zum Beispiel in einem Streitgespräch und es fühlt sich an, als ob du so schnell keine Lösung finden kannst, hilft ein Spaziergang. Damit verlässt du, wenigstens für eine kurze Zeit, die Situation. Alleine das bringt oft schon Entspannung. Viel wirksamer ist aber ein kurzer Spaziergang an der frischen Luft. Zum einen erdet er dich, zum anderen werden bei der Bewegung Glückshormone ausgeschüttet. Wenn's draußen kalt ist, trink beim Wiederreinkommen eine schöne Tasse Tee. Die baut zusätzliche Spannungen ab und senkt dein Stresslevel auf ein gesundes Maß.

10. DANKSAGUNG

Ohne unser Publikum, das uns jetzt schon über sieben Jahre begleitet, gäbe es dieses Buch und die meisten Geschichten nicht. Daher gilt unser Dank vor allem allen Menschen, die unsere Shows besuchen, mit uns staunen und lachen und uns in positiven Stress versetzen – in Form von leichtem Lampenfieber. Ob du schon zu unserem Publikum zählst oder nicht: Auf jeden Fall einen herzlichen Dank fürs Kaufen und Lesen unseres Buches. Wir hoffen, dass es dich unterhalten hat und dir zu einem unfassbar entspannten Leben verhilft.

Das alles – die Shows und dieses Buch – machten und machen zahlreiche Menschen möglich, die uns unterwegs immer wieder unterstützen: von Freunden über Familie bis zu den Professionals, mit denen wir zusammenarbeiten. Dabei schafft es vor allem unser Manager Carsten Dierks immer wieder, unseren unterschiedlichen Meinungen mit Ruhe zu begegnen, um gemeinsam mit uns die besten Lösungen zu entwickeln und unvergessliche Shows auf die Beine zu stellen. Danke auch an die Agenturen, die uns bei Events immer wieder pures Vertrauen schenken, durch das wir unserer Kreativität freien Lauf lassen können.

Vielen Dank an das Team vom Montagshappen Verlag, Mona Schnell und Jana Assauer, die uns bei diesem Projekt unermüdlich unterstützt haben: mit Rat und Tat und super vielen Ideen und durch unser Tourleben auch zu ungewöhnlichen Tag- und Nachtzeiten.

Wir sind dankbar für jede Stresssituationen, die uns wieder neue Wege aufzeigt, um noch entspannter durchs Leben zu gehen. Manchmal können das so schöne Erfahrungen sein, wie die Geburt von Bens Nichte Mia, die einem das Thema Stress noch einmal von einer ganz anderen Seite zeigt.

Wenn du das Buch aufmerksam gelesen oder uns auf der Bühne erlebt hast, weißt du ja bereits, dass wir sehr unterschiedlich ticken. Das kann hin und wieder stressig sein, aber vor allem bereichert es unser Leben und künstlerisches Schaffen. Daher möchten wir uns auch gegenseitig danken und freuen uns auf jede weitere Show und viele neue Erlebnisse und Bücher füllende Geschichten!

11. Über uns

Treffen sich ein Magier (Ben David) und ein Hypnotiseur (Christo). Der eine ein Draufgänger und nie um einen Zaubertrick verlegen – der andere ein zurückhaltendes, seriöses Multitalent. Gemeinsam haben sie die Leidenschaft für die große Bühne, die sie mit Magie und Hypnose, mit viel Humor und starken Entertainmentqualitäten bespielen. So kann man uns beide wohl am besten beschreiben. Deshalb gibt es »Die Unfassbaren«.

Inzwischen touren wir schon viele Jahre gemeinsam und machen auf internationalen Bühnen für unsere Zuschauer das Unmögliche möglich. Wir waren die Einzigen – unseres Wissens sind wir das auch heute noch – die eine magisch-hypnotische Show-Kombi präsentieren. So hat schließlich schon Walt Disney gesagt: »Wenn du es dir vorstellen kannst, ist es auch möglich«. Und Gedanken beeinflussen und steuern ja bekanntlich unser Leben.

BEN DAVID (BAUJAHR 1993)

Ursprünglich stammt Ben aus Heilbronn – er lebt aber schon einige Jahre in Hamburg oder auf Tour in Hotels. Bereits nach dem Abitur hat es ihn in die »große weite Welt« gezogen, er sammelte als Animateur, Entertainer und Zauberkünstler für die mehrfach ausgezeichnete Clubhotel-Kette »Magic Life« die ersten internationalen Show-Erfahrungen. Seit 2010 ist er Mitglied im Magischen Zirkel von Deutschland – oder wie Muggel sagen: Hogwarts. Danach führte sein Weg zunächst zum Radiosender bigFM. Weiter ging es 2013 im TV. Bei Taff (Pro7) durfte er um die Krone der »Hot Summer Games« kämpfen. In der RTL2-Sendung »DMM« setzte er sich mit seiner Magie gegen die Konkurrenz durch.

Seither verzaubert er mit seiner mehrfach ausgezeichneten »Magic Comedy Show« sein Publikum und bringt in jede Feier die Stimmung, die sie verdient hat. Auch zahlreiche Spitzenpolitiker und Prominente hat Ben David bereits erfolgreich verzaubert – unter anderem den damaligen Bundesinnenminister Thomas de Maizière, Rosi Mittermaier, Oliver Pocher, Steffen Henssler, Joko & Klaas, Axel Schulz, Sebastian Rode, Jürgen Drews und Verona Pooth. Axel Schulz war besonders begeistert und kommentierte: »Wenn mich einer umhaut, dann Ben David«.

Foto: Mirko Stoedter

CHRISTO (BAUJAHR 1993)

Der gebürtige Nordrhein-Westfale Christo glänzt mit umfassendem Können in Kombination mit seinem Humor auf jeder internationalen Hypnose-Bühne bei Privat-Partys und Firmenevents. Sein Erstkontakt zur Hypnose fand bereits 2004 statt. Seither hat er seine Kunst durch intensives Selbststudium und sein Handwerk durch zahlreiche Ausbildungen und Seminare perfektioniert. Seine Shows sind preisgekrönt und seit 2011 bekleidet Christo eine Vorstandsposition im Verband »UnterbewusstSein wirkt e.V.« und ist Mitglied der IAYH (International Association for Youth Hypnotists). Er ist NLP-Practitioner und systemischer Coach. Als Mitglied des Deutschen Verbands für Hypnose e.V. gibt er regelmäßig Seminare und Fortbildungen.

Neben der Showhypnose gilt sein Interesse auch der klinischen Hypnose. Ein interdisziplinärer Ansatz, den nur wenige so erfolgreich verfolgen. Seine Schwerpunkte in der klinischen Hypnose legt Christo auf Stressreduktion und Leistungssteigerung von Schülern und Studenten und präsentierte seine Bandbreite und sein Können bereits an Schulen, Universitäten, Bühnen und Firmen in ganz Europa, Afrika und Amerika.

Foto: Mirko Stoedter

Die Unfassbaren (Baujahr 2015)

Bei »Die Unfassbaren« sorgt Ben für die magischen Momente auf der Bühne und im Publikum. Christo beweist, wie Hypnose Außergewöhnliches aus jedem Menschen herausholt, der ohne Angst und mit Offenheit das »Besondere« zulässt. Ihre Shows – eine explosive Mischung aus phantastischer Illusion und neu gewonnener Realität – auch wenn die bislang noch in deinem Unterbewusstsein verborgen war. Ganz ohne unangenehme Nebenwirkungen – versprochen. Bei »Die Unfassbaren« kann alles, aber nichts muss. Genau wie im Zusammenspiel zwischen Ben David und Christo.

www.die-unfassbaren.de

12. WAS WIR SONST NOCH SO MACHEN

1. UNS AUF TOUR MIT DER POLIZEI ANLEGEN

Kennst du Ludwigsburg, in Baden-Württemberg? Da treten wir immer wieder einmal auf. Ein wunderschönes Städtchen mit gleich mehreren Schlössern – ein Traum. In dieser Geschichte war Ludwigsburg allerdings nur eine Zwischenstation. Der Auftritt lag bereits eine Woche zurück. Wir waren aber immer noch auf Tour, als wir eine Freundin dort besuchen wollten. Drei Shows lagen in dieser Woche bereits hinter uns und am nächsten Tag sollten wir am Bodensee spielen. Ludwigsburg ist dafür ein guter Zwischenstopp. Da auf Tour zu sein, auch immer ein wenig stressig ist, waren wir, als wir in Ludwigsburg ankamen, schon ganz schön platt. Also entschieden wir uns, an der Autobahnraststätte ein Nickerchen im Auto zu machen. Aber wir hatten die Rechnung ohne die württembergische Polizei gemacht. Im Auto zu schlafen, ist in Deutschland nämlich verboten, selbst auf einem Rastplatz. Wir waren gerade eingeschlafen, als ein Beamter bereits an die Fensterscheibe klopfte und fragte: »Was machen Sie denn da?« Während Ben weiterschlief, setzte Christo all seine Kreativität und Schlagfertigkeit ein und antwortete aus tiefer Überzeugung: »Eine kreative Meditationspause«. Die Polizei war aber nicht überzeugt. Sie wollten trotzdem Ausweise, Führerschein und Fahrzeugpapiere sehen. Dann fragten sie nach seinem Beruf. »Hypnotiseur!« Der Polizist lächelte und sagte: »Witzig, vor einer Woche haben wir in der Musikhalle ein Duo gesehen, die haben gezaubert und hypnotisiert.« Es stellte sich raus, dass wir beide das waren.

Und schon durften wir unsere Fahrt unbehelligt fortsetzen. Wir möchten betonen, dass dafür keinerlei Magie oder Hypnose bei den Polizisten angewendet wurde. Niemand kam zu Schaden.

Willst du uns auch auf Tour besuchen?

Hier gibt's die aktuellen Termine.

https://die-unfassbaren.de/termine

2. Hochzeiten magisch und hypnotisch machen

Ben hatte Kunden, die ihn unbedingt als Trauredner haben wollten. Sie kannten ihn und wussten, wie gut er als magischer Entertainer ist. Ben ging aber ganz schön die Düse, weil es für ihn bedeutete, ein völlig neues Feld zu betreten. Doch die Vorbereitung war gut, es gab viele Telefonate und Absprachen – und trotzdem fühlte Ben sich nicht bereit. Noch mehr Angst als vor seinem Job hatte er aber davor, den beiden absagen zu müssen. Sie hatten schließlich schon super viel Zeit in ihn und seine Vorbereitung investiert und zählten auf ihn. Also zog er es durch und hat so richtig abgeliefert. Der Trick: Er baute in die Traurede den ein oder andern Zaubertrick ein, verband damit das Neue und Ungewohnte mit dem Sicheren und Bekannten und schon lief es wie am Schnürchen. In der Magie war er zuhause, darin kannte er sich aus. Und schon war die Nervosität verflogen. Und er sagt noch heute, wie toll das Gefühl war, diese Aufgabe gemeistert zu haben.

Willst du, dass Ben und Christo eure Hochzeit magisch und hypnotisch gestalten?

https://moca2gether.com/booking/booking-die-unfassbaren

3. Mütter auf Geburtstagspartys schocken

Es war der 30. Geburtstag eines jungen Mannes. Christo hypnotisierte das Geburtstagskind und zur Freude aller Gäste machte der Mann jeden Spaß mit, den Christo mit ihm unter Hypnose ausheckte. Nach der Show kam die sehr gläubige Mutter auf ihn zu, bekreuzigte sich und fragte: »Im Namen des Vaters, des Sohnes und des Heiligen Geistes, bei unserem Herrn Jesus Christus – wie können Sie so was denn mit Ihrem Glauben vereinbaren?« Sie war völlig schockiert, dass »so etwas« funktionierte. Als Christo ihr dann erklärte, dass er für die katholische Kirche arbeite, dachte sie, der Teufel persönlich steht vor ihr.

Willst du auch einmal Freunde mit Magie und Hypnose begeistern oder deine Verwandten mit einer Geburtstagsparty der besonderen Art schockieren?

https://moca2gether.com/booking/booking-die-unfassbaren

4. Hotelpartys und andere Gala-Auftritte feiern

Bevor wir es vergessen – wir schulden dir noch die im Vorwort versprochene Geschichte mit den Hotelzimmern auf getrennten Fluren. Hier ist sie: Wir hatten einmal einen Gala-Auftritt in einem Hotel. Wie meistens in solchen Fällen, hatten wir Zimmer nebeneinander, die nur mit einer Zwischentür voneinander abgetrennt waren. Der eine kämpfte schon den ganzen Abend über mit starken Kopfschmerzen. Der andere wollte so richtig feiern – du erinnerst dich, Rockstar und so .... Also gab's in einem Zimmer eine kleine Party. Im anderen wurde mit Ohrenstöpseln versucht, den Lärm etwas abzufedern. Das Ergebnis: Beide schliefen kaum – aus unterschiedlichen Gründen. Wer von uns die Party feierte und wer lieber in Ruhe gepennt hätte, verraten wir nicht. Aber seither haben wir IMMER Zimmer auf getrennten Fluren. Das ist das Geheimnis unserer langen gemeinsamen Erfolgsgeschichte.

13. Über den Montagshappen Verlag

Unsere Story

Wir lieben Bücher! Eigene, fremde, neue, alte, große, kleine, geschrieben, zum Hören, digital oder gedruckt.

Wenn es nach Jana Assauer ginge, würde sie den ganzen Tag mit einem guten Buch auf dem Sofa verbringen, lesen und lernen. Ihr Mann, die Kinder und die Arbeit machen ihr aber immer wieder einen Strich durch die Rechnung. Die Konsequenz – der Job muss sich mit Bildung und Büchern beschäftigen. Seit vielen Jahren macht sie bereits über ihre Bildungsbotschaft PR für Bücher und Experten, die Bücher schreiben.

Mona Schnell würde am liebsten den ganzen Tag selbst Bücher schreiben – zu eigenen Themen oder als Ghostwriterin, wenn die Idee spannend und relevant ist. Wenn sie nicht selbst textet, hat sie Bücher und Podcasts auf den Ohren, wo sie geht und steht, wenn sie nicht gerade Yoga praktiziert.

Foto: Nora Tabel

Gemeinsam sind wir die Gründerinnen des Themendienstes und der PR-Agentur Montagshappen und in 2020 ist der Montagshappen Verlag dazugekommen. Mit diesem Verlag wollen wir Expertinnen und Partnerinnen sein für Autoren und Experten, für Neudenker und Neuschreiber und mit unserer Expertise Autor:innen schnell und flexibel für ihre Veröffentlichung zur Seite stehen. Unsere Stärke: Wir vernetzen Menschen und Themen mit Offenheit und Kooperationsgeist.

https://montagshappen-verlag.de/

kontakt@montagshappen.de

»Schreiben ist leicht. Man muss nur die falschen Wörter weglassen.«

Mark Twain, amerikanischer Autor (1835-1910)

Wenn das mit den richtigen Worten so einfach wäre, gäbe es mit Sicherheit in allen Bereichen weniger Probleme. Mit unseren Schreibworkshops schaffst du es, die richtigen Worte zu finden, damit deine Texte Interesse wecken und Wirkung zeigen.

Wolltest du schon immer mal erreichen, dass ein Journalist deinen Pressetext einfach so übernimmt? Oder wünschst du dir mehr Öffnungen deines Newsletters, mehr Traffic auf deiner Homepage oder sogar ein eigenes Buch? Dann bist du bei uns richtig:

Wir zeigen dir, welche Meldungen über tatsächlichen Newswert verfügen und wie du diese so aufbereitest, dass sie gerne gelesen werden. Das gilt für Blogs und Homepage-Texte ebenso wie für Pressemitteilungen, Gastbeiträge und Newsletter. In unseren »Schreibcamps« lernst du anhand von Beispielen die Dos and Don'ts in den jeweiligen Kategorien. Außerdem geben wir dir eine Toolbox an die Hand, erarbeiten gemeinsam erste Werke oder überarbeiten bereits vorhandenes Material.

In speziellen Buchworkshops erarbeiten wir mit dir Exposés, Buchstrukturen und zeigen dir, wie du die vielen Seiten mit spannenden und gekonnt geschriebenen Inhalten füllst.

Schreibworkshops gibt es für Anfänger und Fortgeschrittene. Sprich uns an.

https://montagshappen-verlag.de/

kontakt@montagshappen.de